1492
BRAVURA
SEFARADI

La victoriosa saga de los judíos expulsados
de España, des el refugio holandés a la
fundación de Nueva York

Revisión: Silvio Antunha
Diseño grafico y portada: Claudia Intatilo

ISBN 978-85-907554-2-5 (Paperback)
ISBN 978-85-907554-1-8 (Digital)

Printed in United States of America

Ingran Content Group
LaVergne, TN. 37086

PAUL **ROTH**

1492
BRAVURA
SEFARADI

La victoriosa saga de los judíos expulsados
de España, des el refugio holandés a la
fundación de Nueva York

Primera edición

São Paulo
Paul Roth
2019

A mis antepasados, por el legado.
Al océano Atlántico, que a todo asistió.

RESUMEN

PRESENTACIÓN

El 7 de septiembre de 1654, 23 judíos procedentes de Recife llegaron al puerto de Nueva Ámsterdam, actual Nueva York, a bordo de la fragata francesa Santa Catalina, después de aflictiva jornada de seis meses por el Atlántico. Al desembarcar, fueron recibidos por los también judíos Jacob Barsimon y Solomon Pieterson, que habían sido enviados por la Comunidad de Ámsterdam una semana antes para sondar posibilidades de negocios. Juntos, ellos conmemoraron el primer Rosh Hashaná - el Año Nuevo judío - de que se tiene noticia en territorio norteamericano. Otros judíos egresados de Recife vinieron después para unirse al grupo, que poco a poco fue ganando forma y estructura en medio de las dificultades impuestas por el administrador de la colonia, el calvinista radical Peter Stuyvesant. Con unión y garra, un año después, fundaron la Congregación Shearith Israel, la más antigua de los Estados Unidos. Estas son las raíces de la comunidad judía de Nueva York, la más grande del mundo después de Israel, teniendo como marco el desembarque de los pernambucanos, expulsados de Brasil al término de la Invasión Holandesa.

Este libro tiene el objetivo de rescatar la saga victoriosa, empezando por la expulsión de los judíos de España, en 1492, por los Reyes Católicos, Fernando de Aragón y Isabel de Castilla. Además del surgimiento de la España unificada, otros eventos se entrelazan, como la ascensión y caída del imperio portugués, el dominio de los turcos otomanos en Europa, el

surgimiento de los Países Bajos como potencia comercial, los desdoblamientos de la Reforma Protestante y la presencia nefasta de la Inquisición
en los dominios de la Iglesia Católica.

Dividido en siete partes, el libro trata inicialmente de la diáspora española, con destaque para Isabel de Castilla, Fernando de Aragón, Rodrigo
Borgia y Tomás de Torquemada; así como de la llegada de los judíos a Portugal, en el auge de las explotaciones marítimas. Y más adelante, de D. João
III, el temible patrono de la Inquisición portuguesa.

La segunda parte encuentra a los judíos en huida a Francia, Italia y
Holanda, después de instalada la Inquisición, pasando por el pacto con
el líder holandés Guillermo de Orange, la formación de la comunidad de
Ámsterdam, la creación de la Compañía de las Indias Occidentales y el
Proyecto de Nueva Holanda. En el caso de los judíos españoles, se trata de
una de las más importantes migraciones de la historia de la humanidad.

La tercera parte cubre la Invasión Holandesa en Pernambuco, en 1630,
escenario de la formación de la primera comunidad judía del Nuevo
Mundo y de la primera sinagoga de las Américas, la Zur Israel, en Recife,
hoy recuperada y abierta a la visita. Ganan realce el conde Mauricio de
Nassau, con su corte de artistas, arquitectos y urbanistas, que erigieron una
ciudad de estilo europeo sobre charcos y inundados.

La cuarta parte enfoca la vuelta de Nassau hacia Europa, en 1644, un
año después de construir el primer puente urbano de Brasil, inaugurado
con el espectáculo del "Boi Volador". A partir de ahí, crece la Insurrección
Pernambucana, que resulta en la expulsión de holandeses y judíos de Brasil, con la dispersión de la comunidad.

En la quinta parte acompañamos la llegada de los pioneros a América. Ya en la sexta parte, analizamos la situación de los judíos en Europa,
tras la caída del Brasil Holandés. En Holanda, rehacemos la trayectoria del
ex-rabino de Recife, Isaac Aboab, que preside la excomunión de Espinoza
y lidera la construcción de la Sinagoga de Ámsterdam, con madera impor-
tada de Pernambuco. La séptima parte destaca el éxito de los descendientes de la diáspora ibérica, en el viejo y en el nuevo continente, como el
marrano que gana título de barón en España, y otro que preserva la memo-

ria del presidente Thomas Jefferson. En Londres, un hijo de la diáspora se consagra como el primer pugilista judío a conquistar el título inglés; en Estados Unidos, la obra de una poetisa descendente de los 23 pioneros ilustra el pedestal de la Estatua de la Libertad.

Una historia como esta no puede ser olvidada.

PRIMERA PARTE

RUPTURA Y DISPERSIÓN

"¿Valió la pena? Todo vale la pena
si el alma no es pequeña".
Fernando Pessoa (1888-1935)

I - Abalo sísmico

En busca de identidad, España expulsa antiguos aliados

La jornada de los judíos hacia el Nuevo Mundo comienza con la expulsión de ellos de España por los reyes Fernando de Aragón y Isabel de Castilla, el 31 de marzo de 1492, año que coincide con el descubrimiento de América por Cristóbal Colón. También conocido como Decreto de Alhambra, el acto alcanzó a la comunidad judía como un puñado en el estómago, obligando a unas 150.000 personas a abandonar el país en el plazo de tres meses. Se trataba de una decisión difícil también para la Corona, pues los judíos estaban arraigados de tal forma que la ruptura dejaría consecuencias imprevisibles. Al principio vacilantes, los reyes buscaron una justificación épica.

De acuerdo con el texto, la expulsión era necesaria para evitar que la convivencia entre hebreos y cristianos pusiera en riesgo la fe católica en España, ya que las viviendas confinadas, o judías, creadas por decretos anteriores, no dieron resultado. El documento cita denuncias de los inquisidores según las cuales la amenaza judía se alastraba como una avalancha sin control por todos los cuadrantes. Los judíos eran acusados de instruir a los cristianos de acuerdo con la Ley de Moisés, además de practicar la circuncisión de niños, de determinar los días de ayuno, y dar orientaciones sobre la Pascua, ofreciendo pan sin levadura y carne ceremonial. Los reyes querían poner un final en todo.

Con el decreto, todos los judíos estarían sujetos a la expulsión, incluyendo siervos y parientes de cualquier edad, quedando expuestos a la pena de muerte y decomiso de bienes en caso de desobediencia. Sin embargo, los monarcas daban permiso para que fueran llevados todas las pertenencias, o casi todos, pues oro, plata y dinero no podían pasar la frontera, así como "cualquier otro ítem prohibido por las leyes del reino".

II - Ecos del pasado

Una historia de diásporas y luchas milenarias

En la comunidad, la expulsión sonó como una tercera diáspora, en el sentido de éxodo, dispersión, exilio o más un cambio impuesto por el albedrío. Históricamente, la primera se inició en 586 a. C., cuando el emperador de Babilonia, Nabucodonosor II, invadió el reino de Judá, destruyó Jerusalén y deportó a los judíos a Mesopotamia. Hay también quien defienda que esta dispersión comenzó en 722 a.c., cuando los asirios llevaron a las 10 tribus de Israel como cautivas y el Reino de Judá pasó a pagar altos impuestos para evitar la invasión.

La segunda diáspora tiene como marco la destrucción de Jerusalén por los romanos en el 70 d. C., acarreando una fuga hacia Asia Menor, Norte de África, sur de Europa, así como la Península Ibérica. A partir de entonces, las comunidades del Este Europeo quedaron conocidas como *ashkenazi*, que en hebreo significa "alemán", y los judíos de la Península Ibérica ganaron la denominación de *sefarad*, nombre dado a la región en hebreo medieval.

Los judíos crecieron y prosperaron durante siglos en armonía con los moros y otros pueblos, sin barreras religiosas o culturales. En esa interacción, dejaron un legado en la ciencia, medicina, astronomía y matemáticas, así como se destacaron en el comercio y las finanzas, convirtiéndose en socios del Estado, incluso en el suministro de préstamos. A finales del siglo XIV, sin embargo, pasaron a ser objeto de hostilidades, casi siempre motivadas por status económico.

Los reyes de Castilla, Navarra y Aragón reprimieron las hostilidades, pero la tensión volvió a subir cuando hubo una adhesión masiva de los hebreos al Cristianismo. En 1468, la carrera a la pila bautismal se hizo aún más intensa en Castilla, cuando el rey Juan II, padre de Isabel, determinó que sólo los cristianos podrían ejercer funciones públicas. Movidos por la conveniencia, muchos judíos se convirtieron, pero fueron acusados de falsedad en las calles, ganando el sobrenombre de marranos, que significa "cerdo" en castellano. A pesar de la desconfianza subliminal, se preservó el respeto de la sociedad a los profesionales autónomos, como mascates, herreros, médicos, orfebres, sastres y financistas o banqueros, condición que los alejaba de la servidumbre feudal.

En evidente manifestación de reconocimiento, Juan II de Aragón, padre de Fernando, empleó al judío Abiatar Crescas como médico, físico y astrólogo de la Corte, que restituyó la visión al rey tras una cirugía considerada avanzada para los patrones de la medicina en la época. Así como Abiatar, otros ganaron fama por sus aptitudes, pero el prestigio y la fortuna trajeron, en contrapartida, una carga de resentimiento.

III - Torquemada

Genealogía de un teórico de la intolerancia

Un caso patológico de aversión a los judíos fue protagonizado por el castellano Tomás de Torquemada, que ejerció una fuerte presión sobre los Reyes Católicos por la firma del decreto de expulsión. Defensor del mito de la pureza de la sangre, él lideró la Inquisición española teniendo la persecución a los judíos, moros y heréticos en general como la razón de su existencia.

Nacido en Valladolid, desde temprano Torquemada fue preparado para seguir la vida eclesiástica, pero a los 18 años, la tentación de cupido casi cambia su destino durante su viaje a Córdoba. Por breves y arrebatadores momentos, el novicio fue esclavo de la pasión hasta que la mujer amada deshizo su castillo de cartas al confesar que ya pertenecía a otro. La frustración evolucionó hacia el trauma cuando Torquemada descubrió que su rival era un judío.

De Córdoba, partió a galope a Saragoza, donde tomó clases particulares de teología para apresurar el ingreso en el orden de los dominicos. Las marcas de la decepción eran una amenaza a su paz de espíritu, como llamas en la conciencia, pero la lectura pasó a ser un antídoto eficaz. Su ambición creció en el momento en que descubrió el poder de los inquisidores, quedando preso a la idea de restaurar la Inquisición en España. Después de ordenado sacerdote, él siguió a Toledo, donde recibió ayuda del tío, el arzobispo Juan de Torquemada, convirtiéndose en confesor de la entonces princesa Isabel de Castilla, que también había pasado por caminos torcidos hasta subir al trono.

IV - Marcas del destino

Tormentos y pruebas de una infanta melancólica

I sabel de Castilla nació el 22 de abril de 1451, un enigmático Jueves Santo, en el palacio real, más tarde transformado en el Monasterio de Nuestra Señora de Gracia. Desde pequeña, su trayectoria fue marcada por sustos y trastornos, gracias, en parte a las extravagancias maternas.

De hecho, su madre, también llamada Isabel, hija del infante D. João de Portugal, tenía fama de ser "loca de piedra", lo que no impidió que fuera ofrecida en matrimonio al rey de Castilla, a los 19 años, en 1447. Al llegar a la Corte, sus actitudes reforzaron las creencias en cuanto a la falta de juicio. En su primer día, creó una red de intrigas para debilitar la influencia del contestable de Castilla, Don Álvaro de Luna, y tramado contra la ama, Beatriz, de quien moría de celos. Cuenta la tradición que ella llegó al cúmulo de aprisionar su supuesta concurrente dentro de un estrecho aparador, con la esperanza de que ésta muriera sofocada. Sólo que, tres días después, Beatriz fue rescatada alegre y feliz, como si nada hubiera pasado. Su resistencia a la clausura fue saludada como un milagro de la Virgen María, que ganó a cambio el orden religioso de la Inmaculada Concepción. Además, el episodio también dio origen al culto católico a Santa Beatriz, más tarde canonizada por el Vaticano. La malvada rival no escapó a una existencia cubierta de aflicciones.

Triste y solitaria, Isabel de Castilla creció en ese ambiente tenso, entremezclado por los accesos de locura de la madre. El cuadro quedó aún peor después de la muerte de D. João II, cuando el trono fue asumido por Enrique, El Impotente, su medio hermano, hijo del primer matrimonio del rey. Además de no reconocer los derechos sucesorios de la hermana, Don Enrique transfirió la familia dejada por el padre a la villa de Arévalo, donde la pequeña Isabel y su hermanito, Alfonso, pasaron por serias dificultades. Desamparada, ella buscó refugio en las oraciones, clamando por un milagro, hasta que, en 1468, Henrique firmó un tratado en el que la reconocía como sucesora. Su trayectoria ganaba nuevos rumbos, en el preciso momento en que España daba un salto hacia el futuro.

V - Nacimiento de una nación

Un papa corrupto en las decisiones seculares

En el contexto de la época, fermentaba la idea de la unificación de los reinos y condados, con apoyo de una monarquía fuerte, la fe católica y la ayuda de la Inquisición como instrumento aglutinador. Sólo que la formación de una Casa Real unificada exigiría el matrimonio de Fernando y Isabel, herederos de los dos principales reinos, lo que estaba prohibido por la Iglesia ya que ambos eran primos. Para huir al pecado, los reyes contrataron al cardenal Rodrigo Borgia, que obtuvo la aprobación de Roma, con la promesa de que sería apoyado por España en su ambición de llegar al papado.

El matrimonio se celebró en octubre de 1469, con repercusión positiva en toda Europa, pero eso no evitó que Isabel enfrentara problemas para asumir el trono, después de la muerte de Enrique IV, en 1474. Es que la nobleza castellana la consideraba inexperto y sin las condiciones necesarias para imponer respeto a las demás casas reales. Para tranquilizar a los nobles, dejando todo igual, Fernando de Aragón fue proclamado corregente, investido de los mismos derechos que la reina. Ahora faltaba sólo la autoridad suprema de la Inquisición para cerrar el círculo.

Creada por el papa Gregorio IX, en 1233, la Santa Inquisición, o Santo Oficio, existió inicialmente como entidad eclesiástica, orientada al combate a las herejías, de acuerdo con la visión de la Iglesia. Con una actuación local, estaba presente en el Reino de Aragón desde la Edad Media, pero no en Castilla, ni tenía autorización para sobrepasar sus límites. Por temor a la creación de una máquina represiva fuera de control, Sixto IV dudaba en atender al pedido del rey.

Sin embargo, Fernando una vez más encargó a Rodrigo Borgia, entonces obispo de Valencia, de doblar la resistencia del pontífice, que en 1478 firmó la bula. El Papa, sin embargo, casi volvió atrás al tomar conocimiento del clima de terror instalado en las ciudades españolas, pero Fernando de Aragón amenazó retirar el apoyo militar dado a la Santa Sede, y él se dio por vencido.

A principio, las relaciones de Fernando con los inquisidores eran tímidas, pero pronto percibió que tenía poderes prácticamente ilimitados, pasando a usar la persecución religiosa no sólo contra los oponentes de la Iglesia, sino también contra los acreedores. Todo parecía tener éxito, dentro y fuera del reino español.

Con la muerte de Inocencio VIII, en 1492, surgió la oportunidad de Rodrigo Borgia llegar al mando de la Iglesia, con el apoyo de España, como había sido acertado. El inteligente Borgia utilizó también su fortuna personal para ablandar la oposición en los palacios y hizo maniobras para comprar los votos de los 23 cardenales. Con el nombre de Alejandro VI, ganó el trono, pero no la santidad.

Considerado el peor de la historia, su pontificado abrigó una colección de escándalos que le valió el apodo de "el Papa siniestro", acuñada por el historiador alemán Volker Reinhardt. Después de asumido, dio oficialmente a Fernando y Isabel el título de Reyes Católicos para que fueran defensores de la hegemonía de la Iglesia en el mundo, removiendo los que él considerara como "malas hierbas".

VI – Jaque mate

El obispo derriba al rey y reina en una jugada dramática

Torquemada era fraile dominicano y confesor de Isabel por la ocasión del matrimonio de la reina con Fernando de Aragón, pero dos años después fue promovido a inquisidor general por orden del Vaticano. En exhaustivos sermones, predicaba que los judíos no eran confiables, y que el país debía ser formado sólo por gente de sangre limpia, es decir, sangre puramente cristiana. Con ojos teñidos por la ira, predicaba que España necesitaba librarse de los judíos, pues la conversión, la tortura y el fuego no bastaban.

Al percibir que la expulsión era una realidad cada vez más cercana, los judíos ofrecieron 30 mil ducados a los Reyes Católicos a cambio de un pacto de convivencia. Como prueba de fidelidad, se comprometían a cumplir todas las obligaciones civiles, habitar en barrios separados, volver a casa antes del anochecer, además de no ejercer profesiones exclusivas de los cristianos.

La propuesta parecía razonable al entendimiento de Fernando y Isabel, pero en el momento en que iban a cerrar el acuerdo, Torquemada arrojó un crucifijo sobre la mesa real y comparó los ducados a los 30 dineros recibidos por Judas con la venta de Cristo: "Treinta dineros. Vuestras Altezas ahora quieren venderlo por 30 mil ducados; allí los tienen, obedezcan al mercado", dijo, y dejó el recinto. El peso de la culpa se derrumbó sobre los monarcas, que firmaron la sentencia de expulsión.

VII - Abrigo portugués

La grandeza y la ambigüedad de un príncipe perfecto

La mayoría de los expulsados hizo de Portugal su próxima parada en esa odisea rumbo al Nuevo Mundo, mientras que otros siguieron a Turquía, Marruecos, Francia, Italia y los Países Bajos o optaron por la conversión allí mismo en España. Algunos judíos esperanzados soñaban con un giro, un brote de locura en la Corte o un milagro que llevara a la revocación del decreto, pero nada de eso sucedió.

En el lado práctico, el rabino Isaac Aboab, último de Gaón de Castilla - supremo conocedor de la ley judía, negoció como rey de Portugal, D. João II, la concesión de refugio para unas 600 familias desterradas. El rey pidió el pago de 600 mil cruzados de oro, más ocho cruzados per capita, excepto los niños de cuello, para una permanencia de ocho meses. Como Portugal necesitaba mano de obra, los técnicos, mecánicos, herreros, armeros y hojalateros pagarían sólo la mitad.

También se acordó que, al término de ocho meses, los judíos debían partir en barcos del gobierno, con los gastos pagados por el propio interesado. Sin perder la elegancia, el rey advirtió que quien no pudiera pagar sería considerado propiedad real y vendido como esclavo.

A pesar de los tropiezos y concesiones, los exiliados fueron bien recibidos por la Corte y la aristocracia, que veían con buenos ojos la llegada de comerciantes y financistas adinerados, además de mano de obra calificada. Sólo las clases populares miraron al sesgo, temiendo la disputa por espacio en el mercado. El hecho es que los judíos normalmente tenían un buen grado de instrucción, mientras que la mayoría de la población portuguesa era analfabeta.

En esta etapa transitoria, la desconfianza se instaló en el corazón de los rabinos en los primeros días, en contraste con el optimismo cauteloso expuesto antes por Isaac Aboab. Los líderes mesiánicos creían que los reyes ejecutaban la voluntad divina. Como un mal presagio, los rabinos sentían que las piezas no encajaban en aquel juego, al comparar la hostilidad con que eran tratados en las calles y las actitudes oscilantes del rey.

D. João cerraba los ojos a las olas de intolerancia al mismo tiempo que incorporaba los científicos judíos al proyecto de las navegaciones ultramarinas. Con cierto prestigio, forma parte del equipo el cartógrafo Yehuda Cresques, que dio impulso a investigaciones y perfeccionó métodos de navegación; el astrónomo y cosmógrafo José Vecino, pionero de la navegación astronómica; y el astrónomo y astrólogo Abraham Zacuto.

VIII - Legado de un genio

Los dones del científico que reinventó el astrolabio

Zacuto ocupaba la cátedra de astronomía y astrología en la Universidad de Salamanca al ser sorprendido por la expulsión de España, pero no vaciló en seguir para el exilio con su pueblo. Además de historiador real, cabe también a él el honor de haber inventado el moderno astrolabio metálico, más preciso que el de madera usado hasta entonces.

En España, él había escrito, en hebreo, el tratado de astronomía intitulado *Almanach Perpetuum*, que contenía las tablas astronómicas para el período entre 1497 y 1500. En Portugal, la obra fue traducida al latín y el castellano para ser impresa en 1496, transformándose en libro de cabecera de Vasco da Gama y Pedro Álvares Cabral, entre otros navegadores.

Además de impulsar la navegación, la edición de *Almanach Perpetuum* marcó un avance en las artes gráficas portuguesas, en un momento en que la prensa aún daba sus primeros pasos. El libro fue impreso en Leiria, en la tipografía Samuel d'Ortas, que antes había imprimido, en hebreo, *Proverbios con comentarios*, en 1492, y los *Primeros profetas*, en 1495. El primer libro impreso en territorio portugués, sin embargo, fue el *Pentateuco*, en la ciudad de Faro, en 1487, quedando el *Almanach* con este puesto en el campo de las matemáticas.

Juan II convocó a Zacuto para formar parte del grupo de expertos que buscaban el camino marítimo hacia las Indias, seguro de que se trataba del mayor maestro en cosmografía y astrología de su tiempo. La relación difícil entre ambos generó algunas anécdotas que circulaban en Lisboa, no siempre favorables al rey. Una de ellas da cuenta de que durante el viaje a Évora, D. João le pidió que él pronosticara por qué puerta entraría en la ciudad, entre las múltiples opciones existentes. El maestro argumentó que, si el rey conociera de antemano la respuesta, entraría por otra puerta sólo para desmoralizar su pericia. Sin embargo, el monarca aceptó que se presentara una previsión por escrito, sellada con el sello del astrólogo, para ser abierta sólo después de sobrepasar las puertas de Évora. Sin embargo, Don Juan hizo una entrada enteramente nueva por la que pasó con la comitiva para confundir al astrólogo. Sólo que se sorprendió al abrir el sobre y encontrar el contenido de la previsión hecha con días de antelación. En ella, Zacuto informaba que el rey entraría no por las puertas habituales, "sino por una nueva puerta recientemente hecha".

Pero no todo era acierto en la vida del astrólogo. En un manuscrito encontrado después de su muerte, predijo la ocurrencia de un diluvio en Lisboa, en 1506, pero lo que sucedió fue algo más grave, como veremos más adelante.

IX - Infancia ultrajada

Deportación de niños a la isla de Santo Tomé

S i las afinidades del rey con los científicos eran buenas, lo mismo no se aplicaba a su relación con la comunidad judía, como quedó demostrado en el episodio del pueblo de la Isla de Santo Tomé, en 1493. Es que en la época el reino no encontraba voluntarios dispuestos a continuación para los nuevos territorios del imperio portugués, lo que llevó al rey a recurrir a los judíos, como si se tratara de ganado de sacrificio. Aunque sean raros los registros oficiales, el marrano Samuel Usque rescata esa página perdida de la historia en el libro *Consolaciones a las Tribulaciones de Israel*.

Según él, de forma autoritaria y represiva, D. João II decretó la deportación de niños, provocando, según Usque, escenas tristes y "dolidas despedidas" entre padres y hijos bañados en lágrimas. Los agentes del reino tiraban niños y niñas "de los brazos de las madres desconsoladas", mientras que "viejos judíos honrados" eran arrastrados por las barbas con violencia. "Algunos exiliados se arrodillaban ante el monarca, implorándole para zarpar junto a los hijos queridos, pero era en vano cualquier tipo de apelación". En relato punzante, Usque expone conmoción en la escena en que una madre "desprovista de misericordia", toma al hijo en los brazos en lo alto del barco y ellos se lanzan al mar "abrazados como una sola criatura", prefiriendo la muerte al suplicio. Usque no duda en caracterizar como verdaderos perros a los portugueses que utilizaron la fuerza para secuestrar a inocentes, provocando la desesperación de los padres, que no tenían autorización para seguir con ellos. Las órdenes del rey alcanzaron no sólo a los egresados de España, sino también a los sefardíes más radicales en el país.

Las aflicciones prosiguieron durante el viaje, con los barcos transformados en escenario de terribles espectáculos. De acuerdo con el relato, los deportados tuvieron los brazos y piernas atados con cuerdas, siendo las mujeres sometidas a crueles humillaciones. El cuadro fue agravado por una epidemia de cólera que diezmó parte de los emigrados, pero los sobrevivientes no tendrían que celebrar.

Al llegar a la isla africana, hombres, mujeres y niños fueron prácticamente descargados en la playa desierta, sin ningún apoyo o esperanza. Castigados por la falta de agua, comida y vivienda, muchos judíos se transformaron en presas fáciles para los lagartos. Sólo un número reducido logró sobrevivir.

Años más tarde, el donatario de Santo Tomé, Álvaro Peçanha, dejaría parte de su herencia para lo que quedaba de los niños judíos deportados que, según él, ayudaron a construir la primera economía azucarera en África.

Descendiente de los exiliados españoles, Samuel Usque nació en Lisboa probablemente en 1492, trasladándose más tarde a Ferrara para escapar de la Inquisición. Prácticamente ignorado en Portugal durante siglos, su libro es considerado una obra maestra de la literatura portuguesa, inspirada en la Biblia y en autores clásicos.

En el estilo bucólico de la época, *Consolación a las Tribulaciones de Israel* está compuesto por diálogos conducidos entre tres interlocutores, para dar fluidez a la narración. Entre ellos, Jacob representa el pensamiento del autor, mientras que los sabios Nahum y Zicareo tienen la función de prestar un carácter verídico a las profecías, al mismo tiempo que consuelan al pueblo de Israel en el camino de lo que consideran su misión histórica.

Teniendo el texto bíblico como fundamento, Usque da acogida a la filosofía esotérica hebrea, principalmente a la teoría de la metempsicosis, que se refleja en el esoterismo cabalístico, con mezcla de concepciones neoplatónicas. En uno de los diálogos, el autor coloca en la boca de uno de los personajes la defensa de la transmigración de las almas, pasando de cuerpo en cuerpo, en un proceso de purificación o degradación progresivas. Publicado en Ferrara en 1553, por Abraham Usque, *Consolación a las Tribulaciones de Israel* se dedica a Doña Gracia Nasi, de quien hablamos más adelante.

X - Intrigas en la corte

Los misterios que rodean la muerte de D. João II

Al lado de la ocupación de las tierras africanas, D. João II adoptó una política interna agresiva para fortalecer su autoridad ante la nobleza. Siendo así, en 1483, el rey no vaciló en decretar la muerte y la confiscación de los bienes de D. Fernando, Duque de Braganza y Conde de Arraiolos, acusado de traición. La esposa y los hijos del hidalgo tuvieron que refugiarse en Castilla para salvar el pescuezo. El caso dejó a los nobles en estado de alerta y abrió espacio para conspiraciones que se arrastraron por más de una década. Cercado por temores y intrigas, D. João II murió en octubre de 1495 en circunstancias misteriosas. Debido al ambiente conturbado a su alrededor, surgieron versiones de que fuera envenenado en pleno palacio. Por sus glorias y conquistas, Don Juan II pasó a la historia con el título del príncipe perfecto, dejando una legión de desafíos y de admiradores, como la reina Isabel de Castilla, que, al enterarse de su muerte, exclamó: "¡Morrió el hombre!"

Los exiliados judíos enfrentaron contratiempos en el reinado de Don Juan, pero tenían esperanzas de que la situación podría cambiar con su sucesor, el conde de Beja, también conocido como D. Manuel I, El Venturoso.

XI - En busca de una reina

Los Reyes Católicos cobran alto por su hija

En los primeros días, el optimismo de la comunidad desapareció como una pluma jugada al viento. Esto porque la primera decisión de Don Manuel al subir al trono fue pedir en matrimonio a la hija mayor de los Reyes Católicos, llamada Isabel, retomando el proyecto de Don Juan II de unir las coronas. La misma Isabel había sido prometida al hijo de D. João, D. Afonso, que hubiera murrido precozmente.

El arreglo también interesaba a los soberanos de España, pero, aún así, exigieron la expulsión de los judíos del territorio portugués a cambio de la hija. La exigencia iba más allá de las expectativas de D. Manuel, aunque él supiera que tendría que pagar un precio alto. En esas circunstancias, sin embargo, el rey no quería desistir de la unión de los reinos, así como no dejaría escapar el capital y el conocimiento traídos por los judíos. Preso en esa encrucijada optó por las dos hipótesis y armó uno de los mayores dramas de la historia de Portugal.

D. Manuel firmó el contrato de matrimonio y el decreto de expulsión a 30 de noviembre de 1496, sujetando a la pena de muerte ya la confiscación de los bienes a los judíos que quedaran en el país después de octubre de 1497, a menos que se convirtieran. Como prueba de coherencia, determinó a los portugueses que pagasen pronto todo lo que debían a los judíos para apresurar el viaje. Él estaba tan convencido de que habría adhesión a la conversión voluntaria que bajó una ley prohibiendo especulaciones sobre el status religioso de las personas para evitar las limitaciones a los conversos. Los judíos, sin embargo, rechazaron la propuesta, lo que llevó al rey al auge de la irritación. En represalia, D. Manuel decretó la conversión forzada al cristianismo en el plazo de diez meses, creando el concepto legal de cristiano-nuevo. El acto fue criticado por la propia Iglesia, al temer que otros monarcas hicieran lo mismo en relación a los cristianos. El rey se encogió de hombros y prosiguió en el proyecto de las exploraciones marítimas.

XII - Oráculo judaico

Los astros influenciaron decisiones estratégicas

En la intimidad de su cuarto, los documentos secretos dejados por D. João II estimularon el interés de D. Manuel por las Indias, pero él quería reducir los riesgos antes de proseguir con el proyecto. Los pasos iniciales habían sido dados en 1488, cuando Bartolomeu Dias dobló el Cabo de Buena Esperanza, en el extremo sur de África. El desafío ahora era avanzar hasta las Indias propiamente.

Sin pérdida de tiempo, D. Manuel mandó llamar a Zacuto para que el judío hablara sobre las posibilidades de éxito de aquel viaje. En un documento solemne, el científico dio un dictamen favorable, añadiendo que las posesiones de Oriente serían descubiertas por dos hermanos y ampliarían mucho las riquezas del reino. Según el cronista Gaspar Correia, el rey pidió secreto de Estado sobre el asunto al astrólogo. Sin embargo, quedaba una duda en cuanto a la historia de los "dos hermanos", pues él pensaba que Vasco da Gama iba solo.

Con esas informaciones, encargó al navegador de preparar el viaje, pero antes quiso saber si por casualidad llevaría algún pariente en la obra, al pensar en el oráculo que latía en su cabeza. El capitán mayor no sólo respondió afirmativamente, como también informó que su hermano mayor, Pablo da Gama, sería el comandante de una de las naves de la histórica expedición, lo que hizo que Manuel liberara un suspiro de alivio. Por exigencia del rey, Zacuto también estuvo reunido con Vasco da Gama, a quien recomendó que no permitiera a los navegantes apartarse unos de otros cuando se acercaran al entonces "Cabo de las Tormentas".

Mientras avanzaban en los descubrimientos marítimos, sin embargo, el rey se sumergía en el impase en sus relaciones con los hebreos.

XIII - El grito de los inocentes

Las arbitrariedades del rey hacia la conversión

En el año 1497, D. Manuel determinó el secuestro de todos los niños menores de 14 años entre los hijos de judíos que se resistían a adherirse al catolicismo y insistían en dejar el país. Esto significaba que las niñas y los niños debían ser bautizados a la fuerza y entregados a familias católicas para ser adoctrinados. El decreto provocó desesperación, con padres y madres abrazados inútilmente a los hijos para evitar la separación. La misma medida después fue extendida, también, a los menores de 20 años.

Con la proximidad de octubre, plazo final para la partida, la comunidad pidió la indicación de tres puntos de embarque, pero el rey retrasó la respuesta hasta la última hora. Sólo que en vez de liberar la ruta de salida, decretó el cierre de los puertos del país, excepto el de Lisboa, imposibilitando cualquier evasión. Con eso, cerca de 20 mil personas convergen al puerto de la capital, donde quedaron amontonadas a la espera de un barco que jamás dio el aire de su gracia. En vez de la embarcación, surgieron los clérigos y oficiales del gobierno arrastrando hombres y mujeres para el bautismo forzado, algunos de pie, otros contorsionándose en desesperación, como en una danza macabra. La conversión vino de arriba abajo, como alternativa a la muerte.

De esta manera, familias tradicionales del judaísmo, como la del último Gaón de Castilla, Isaac Aboab, se vieron obligadas a adoptar oficialmente otra confesión, como presas a una trampa infame. Muerto en la ciudad de Oporto en 1493, el patriarca fue ahorrado de testimoniar la conversión, incluso de sus propios descendientes. Uno de sus nietos, que también se llamaba Isaac Aboab, pasó a llamarse Henrique Gomes al ser bautizado. En la misma oportunidad, también se hizo cristiana la familia de Abraham Espinoza, el hombre que vendría a ser bisabuelo del futuro filósofo Baruch Espinoza.

A partir de ese año, prácticamente dejaron de existir judíos declarados en Portugal, sólo quedaban cristianos-nuevos. En la ciudad de Oporto, en el terreno donde existió la judería, se construyeron una iglesia y un convento, que recibió el nombre de São Bento da Vitória, simbolizando, para los idealizadores, el triunfo de la iglesia sobre la sinagoga. Por un lado, una de las consecuencias de la conversión forzada fue el crecimiento del número de criptojudeos; por otra, la relación entre cristianos-nuevos y cristianos-viejos se volvió tensa, como un barril de pólvora a punto de estallar. A pesar de la angustia, el descubrimiento de Brasil vino en buena hora, como una válvula de escape o un símbolo de esperanza.

XIV - El mar por testigo

Un políglota judío en la escuadra de Cabral

Después de dos años de aventura por "mares nunca antes navegados", Vasco da Gama fue recibido con fiesta en Lisboa al regresar de las Indias en octubre de 1499. Era el nuevo héroe nacional, pero, en aquellos días, Portugal ya hacía la cuenta regresiva para la salida de la escuadra de Cabral hacia el descubrimiento de Brasil, ocurrido en abril de 1500. A pesar de las contradicciones de D. Manuel en relación a los judíos, había al menos tres conversos en el alto escalón de la flota, como el astrónomo Maestro João, el navegador Pedro Nunes, y la figura enigmática de Gaspar da Gama, también conocido como Gaspar de las Indias, o "el Lengua", considerado el primer judío a pisar suelo brasileño.

La biografía de Gaspar da Gama, llena de sombras y lagunas, es una discusión abierta entre los historiadores. De acuerdo con la versión más difundida, nació en Alejandría, cambiando después a Polonia, de donde la familia también tuvo que huir por rechazar el cristianismo. Después de pasar de nuevo por Alejandría y Jerusalén, Gama llegó todavía joven a las Indias, donde se estableció como comerciante, de la mano de la aventura. En virtud del azar, un encuentro con Vasco da Gama, en Goa, acabó transformando al judío en un personaje destacado en la historia de Portugal.

En los mares de Goa, el aventurero inicialmente planeaba saquear la escuadra portuguesa, pero fue desenmascarado a tiempo, tras llevar una buena paliza, como mandaba la pedagogía de la época, y confesó que estaba al servicio de un maharajá local. Vasco da Gama quedó impresionado con aquella osadía, pero en vez de decretar su muerte, decidió contratar los servicios del espía como políglota y consultor sobre las rutas del Oriente.

En Lisboa, el rey quedó encantado con la habilidad del viajero, que hablaba hebreo, latín, árabe, italiano, castellano, portugués y algunos dialectos. Convertido al cristianismo, pasó a llamarse Gaspar da Gama, en homenaje a Vasco da Gama, su padrino, siendo de inmediato nombrado consejero e intérprete de la escuadra de Cabral.

Para Arnold Winitzer, Gaspar da Gama estaba en el primer bote a llegar a las playas de Porto Seguro, en Bahía, en aquel remoto 22 de abril de 1500, al lado de Nicolau Coelho. Siempre con un gorro en la cabeza y ropa de lino blanco, él intentó comunicarse con los Tupiniquins en varios idiomas, pero los indios no entendieron nada. Ya que no había negocios a hacer, el pragmatismo aconsejó D. Manuel I a priorizar las inversiones en las Indias, donde Portugal construía un imperio. En 1502, Gaspar participó de otra expedición a las Indias aún bajo el mando de Vasco da Gama. Dadas sus demostraciones de fidelidad, participó también de otra campaña, en 1505, esta vez con Francisco d'Almeida. Al servicio de los portugueses, sus dotes lingüísticas y los conocimientos geográficos fueron fundamentales en las negociaciones comerciales en Calecute y Cochim.

El escritor Elias Lipiner llega a afirmar que, sin la ayuda de ese judío, la conquista de la India habría sido mucho más difícil para los portugueses. Según el investigador, el rey llegó a atribuir un valor místico y trascendente a la aparición del aventurero en aquella cuadratura histórica, como que preñando el éxito luso en las conquistas ultramarinas. En otras palabras, el monarca creía que Gaspar da Gama habría sido escogido "por el propio Señor" para la tarea de apalancar el imperio portugués. Este no fue el único marrano que cayó en las gracias del rey.

XV - Arriscar es necesario

Un cristiano-nuevo, el primer donatario de Brasil

Por razones lógicas, como ya se ha dicho, los ojos de la Corte se quedaran orientados hacia las especias de las Indias, aunque eso no significaba desprecio por las riquezas de Brasil. No fue por casualidad que en 1503, D. Manuel aceptó la propuesta presentada por el cristiano-nuevo Fernando de Noronha para explorar la colonia mediante contrato de arrendamiento, sin que la Corona tuviera que desembolsar un solo centavo. El acuerdo preveía un monopolio de comercio y de colonización por el plazo de tres años, renovable sucesivamente hasta 1515. Aunque el emprendimiento fuera estrictamente comercial, Noronha dio oportunidad a judíos perseguidos en esa empresa.

Natural de Asturias, Fernando de Noronha se destacó como emprendedor, comerciante, armador y representante del banquero Jakob Fugger en la Península Ibérica. Nacido en Augsburgo en 1459, Fugger fue conocido por emplear su fortuna, o parte de ella, en la financiación de proyectos de gobernantes europeos. En esa condición, fue el primer capitalista no portugués a invertir en Brasil, al abrazar el proyecto de Fernando de Noronha. Y no tuvo motivos para arrepentimiento. La extracción de madera alcanzó resultados tan extraordinarios que el rey D. Manuel hizo del cristiano-nuevo el primer donatario de la colonia, al entregarle la isla de San Juan de la Cuaresma, más tarde bautizada Fernando de Noronha. Esta primacía hizo que muchos cristianos-viejos morir de envidia.

A pesar del origen judío, Noronha recibió un Escudo de Armas Nuevas, concedido por el rey de Inglaterra, Enrique VII, pero su uso fue prohibido en

Portugal, donde los títulos de nobleza eran reservados sólo a hidalgos de "sangre limpia". El hecho es que D. Manuel tenía en el cajón el compromiso de instalar la Inquisición en el país, firmado con ocasión de su segundo matrimonio, esta vez con la cuñada María de Aragón. Su primera mujer murió prematuramente en 1499, obligándolo a golpear otra vez a las puertas de los Reyes Católicos, que le exigieron la instalación del Santo Oficio en Portugal a cambio de su segunda hija.

XVI - Bajo el signo del miedo

La masacre de Lisboa: terror en tiempos de cólera

En lugar del diluvio previsto por Zacuto para 1496, Portugal fue sacudido ese año por el llamado Masacre de Lisboa, un descontrolado ataque a los cristianos-nuevos que dejó cerca de cuatro mil muertos. La escalada de violencia surgió en el Convento de Santo Domingo, el día 19 de abril, Domingo de Pascua, durante la ceremonia en que los católicos rezaban por el fin de la sequía y la peste, extendiéndose por la ciudad con la velocidad de un rayo. Así como la deportación de niños a Santo Tomé, la Masacre de Lisboa tampoco ganó espacio en los libros de historia, como que tornándose un capítulo amargo excluido de la memoria portuguesa. Entre los raros historiadores que escribieron sobre el asunto, se destacan Alexandre Herculano, Oliveira Martins, Samuel Usque y Damião de Góis, este ultimo con la ventaja de ser el cronista de la Corte.

En la *Crónica del Felicísimo Rey D. Manuel de la Gloriosa Memoria*, Damián de Góis describe la insurgencia de "una turba de malos hombres y de frailes sin temor a Dios", a la que se unieron cerca de mil personas. Según él, todo comenzó cuando un devoto afirmó haber visto brillar un crucifijo al lado de la imagen de Cristo, lo que fue saludado como un milagro, aunque no fuera una convicción unánime. Entre los que discrepaban, un cristiano-nuevo se atrevió a afirmar que sólo veía una lámpara encendida al lado de la imagen de Jesús, pero nada sobrenatural. Tal afirmación bastó para que "algunos hombres de baja condición" arrastraran al cristiano-nuevo por los cabellos para fuera de la iglesia, para luego matarlo y quemar su cuerpo.

El cronista añade que, en medio al tumulto, un fraile hizo un sermón incitando la masa, seguido de dos otros hermanos que salieron del monasterio, con un crucifijo en las manos, a los gritos de "Herejía! ¡Herejía!". La predicación de los religiosos impresionó de tal forma a la multitud que marineros de barcos procedentes de Holanda, Zelanda y Alemania, atrapados en el puerto, comenzaron a matar a los cristianos-nuevos que encontraban por las calles, arrojando los cuerpos a las hogueras encendidas en plaza pública. El cronista estima en 500 muertos sólo el primer día de la masacre.

La violencia prosiguió el lunes, cuando la turba arrastraba a las víctimas de sus casas, no ahorrando mujeres y niños, atacados a palos y lanzados "vivos o muertos" en las hogueras. El cronista de la Corte dice que incluso niños de cuna se ejecutaron, como si los inocentes fueran una amenaza. "Además de las muertes, los agresores saqueaban las casas, robando todo el oro, la plata y los ajuares que creían". A partir de cierto momento, no sólo las residencias, como también las iglesias fueron invadidas por la turba, que arrancaba "hombres, mujeres, mozos y mozas a la fuerza del altar, volviéndolos de las imágenes de Nuestro Señor, de Nuestra Señora y de otros santos a los que se hubieran abrazado ". En ese segundo día, Góis afirma que hubo más de mil muertes, sin que los representantes del gobierno se atreviesen a resistir, pues las propias autoridades temían que les sucediera con elles lo mismo que sucedía a los cristianos-nuevos.

El martes, los ataques prosiguieron, pero se creó un movimiento de "personas honestas y piadosas" que tenían el intento de ofrecer abrigo a los perseguidos, aunque a esa altura, otras 1.900 criaturas ya habían sido masacradas. La brutalidad, sin embargo, sólo fue interrumpida cuando un escudero del rey fue muerto, tomado equivocadamente como judío.

D. Manuel retornó a la Corte y mandó castigar a los responsables con la prisión y la confiscación de bienes, declarándose "indignado" con los acontecimientos. Por su determinación, fueron condenados a muerte por ahorcamiento a los frailes dominicos fray João Mocho y fray Bernardo, considerados instigadores de la masacre. Además, los representantes de ese orden religioso fueron expulsados del Consejo de la Corona, del cual participaban desde 1385.

Después del Pogromo, aumentó el número de familias judías que dejaban Portugal, muchas de las cuales abandonaron propiedades conquistadas
a lo largo de los años. Cuando el rey murió, el 13 de diciembre de 1521, a los
52 años, la situación de los judíos, que ya era difícil, se hizo aún más drástica.

XVII - El odio como herencia

El neto de Isabel abraza la intolerancia

Con la muerte de D. Manuel, su hijo D. Juan III subió al trono el 13 de diciembre de 1521, a los diecinueve años, con odio represado en el corazón y
mil ideas en la cabeza. Admirador de la abuela materna, la reina Isabel de
Castilla, el nuevo rey quería traer la Inquisición a Portugal lo más rápido posible, iniciando de inmediato una caza a los marranos. Atrás de ese objetivo,
acompañaba los movimientos del Vaticano, donde también, en diciembre de
1521, moría el Papa León X, el último no sacerdote nombrado para el cargo
y en cuyo pontificado se inició la Reforma Protestante. Hijo de Lourenço, El
Magnífico, León X tuvo una sucesión marcada por conflictos internos ante
los cuales la persecución a los judíos portugueses no era prioridad.

En los tiempos de D. Manuel, los portugueses intentaron vencer la resistencia papal al proyecto, al punto de enviar a Roma una comitiva de artistas, además de regalos como pedrerías, tejidos y joyas, sin hablar de animales raros, como un caballo persa, un elefante amaestrado y un rinoceronte.
La táctica no se pegó, entonces D. João adoptó métodos distintos.

Entre otras decisiones, él ordenó que se hicieran investigaciones sobre
los hábitos de los miles de criptojudeos de Lisboa, tarea confiada a un cristiano-nuevo llamado Jorge Themudo. En su informe, Themudo informó que los
marranos no solían ir a la iglesia los domingos o los días santos, festejaban
el Shabat y la Pascua a escondidas, no enterraban a sus muertos en cementerios católicos, no pedían la extrema unción ni dejaban herencia para la
Santa Sede en el testamento. El rey quedó satisfecho con el relato, pero aque-
llo era poco para sus ambiciones.

En otro lance insidioso, Don Juan contrató al judío convertido conocido como Henrique Nunes, el Firme Fe, famoso por la habilidad en la tortura cuando al servicio de la Inquisición Española. En Portugal, su misión era infiltrarse entre los criptojudeos para recoger el máximo de informaciones, como si fuera un marrano. En el informe, los cristianos-nuevos seguían guardando el sábado, los ayunos, la Pascua y las reglas para el sacrificio de los animales, además de cobrar una cantidad específica para el sacrificio de los animales, el fondo colectivo de asistencia a los que se mantuvieran fieles al judaísmo. El hecho es que, en el cotidiano de la propia sociedad portuguesa, no había distinción entre cristianos-nuevos y judíos, siendo ambos tratados con el mismo desprecio, como registra Gil Vicente en la pieza *Juez de la Beira*, escenificada por primera vez en 1525. En la obra, unos y otros son vistos con malos ojos, siendo así marginados ante la cristiandad y utilizados como materia de escarnio.

En ese ambiente ácido, Firme Fe estimulaba el odio social al sugerir ante los cristianos que los judíos eran unos privilegiados, pues andaban bien vestidos y gordos como cortesanos, llenos de anillos de oro, mientras que los seguidores de Cristo se enfrentaban al sol y a la luz lluvia para producir pan, vino y aceite, pastoreaban el ganado y soportaban el reino en la espalda.

Al servicio del rey y de la Inquisición, Firme Fe representó bien la farsa en Lisboa y Santarém, pero en Évora fue desenmascarado y muerto a golpes de espada por los judíos por la traición. Frustrado con el resultado, el rey pidió que la cúpula de la Iglesia apresurara la llegada de la Inquisición luego de una vez.

XVIII - Coyuntura adversa

Peste en Roma retarda proyecto lusitano

Pero el Vaticano caminaba a ritmo inversamente proporcional a las expectativas del rey, como ocurrió en la sucesión de León X. Sólo después de meses de debates, los cardenales anunciaron al holandés Adriano Florensz como nuevo papa, bajo el nombre de Adriano VI. En principio, el escenario parecía favorable a los portugueses, pero las piezas del rompecabezas siguen sin encajar. El lado positivo es que Adriano había sido tutor del nieto del Maximiliano I de Habsburgo, en la época un niño de siete años, que más tarde se convertiría en el Emperador Carlos V, del Sacro Imperio Romano-Germánico, y el rey Carlos I de España. Ocho años después, el mismo Adriano era enviado a España en misión diplomática, siendo luego nombrado Cardenal. Como si fuera poco, antes de ser papa, él había sido todavía destacado para actuar al lado del Cardenal Cisneros en la condición de corregente de España, durante la minoridad de Carlos V, heredero del trono español. En esa combinación de resultados, en marzo de 1518 llegó a inquisidor-mor de Castilla y Aragón, quedando en el cargo hasta ser elegido papa. Elegido por votación unánime, recibió el apoyo inmediato de Carlos V, que luego se arrepintió, al descubrir en el ex-tutor la virtud de la imparcialidad.

Considerado un ejemplo de devoción y piedad, Adriano VI sólo llegó a Roma ocho meses después de ser elegido, aunque determinado a dar una aireada en el Vaticano. Para eso, no sólo evitó la interferencia de los monarcas en las decisiones de la Iglesia, sino que también impuso su autoridad a los cazadores de posiciones y compradores de empleos. Ante los avances de la Reforma, reconoció los abusos del clero, cortó gastos, suprimió cargos y combatió al nepotismo. En las relaciones exteriores, emprendió una lucha contra los musulmanes y prometió combatir las herejías, pero sus esfuerzos fueron interrumpidos por un brote de peste que devastó Roma, matando incluso a varios de sus cardenales. Él mismo sobrevivió a la peste en el período crítico, pero cayó enfermo al final del brote y murió el 12 de septiembre de 1523, al completar un año y ocho meses en el cargo. Una vez más, la decisión sobre la Inquisición portuguesa quedaba para el próximo pontífice.

XIX - El Vaticano en transe

El papa promueve el arte, pero olvida a D. João

El sucesor de Adriano fue el florentino Júlio de Juliano de Médici, sobrino de Lourenço, el Magnífico y, por lo tanto, primo de León X, llamado papa Clemente VII. En el cónclave de 1523, Clemente contribuyó decisivamente a la elección de Adriano VI, del que era no sólo sucesor, sino también heredero de una obra inacabada.

Con ese ambiente aparentemente favorable a la Inquisición, los cristianos-nuevos mandaron a Roma el negociador Duarte de la Paz, que alertó al Papa sobre el apetito de los inquisidores a la confiscación de bienes. Además, pidió que se mantuviera la tradición portuguesa de beneficiarse en el testamento a los herederos naturales, no a la cúpula de la Iglesia, como estaba sucediendo. Ya D. João III dormía tranquilo, pues tenía al papa como un aliado potencial, pero estaba equivocado en su evaluación. Ocurre que Clemente VII también tenía sus propios planes, que no coincidían necesariamente ni con los de los judíos ni con los intereses del imperio portugués. Sin embargo, su error fatal fue haber creado la llamada Liga Clementina para enfrentar al omnipotente Carlos V, que en mayo de 1527 invadió Roma con una furia abrumadora, forzando al Papa a refugiarse en el Castel Sant'Angelo durante siete meses.

Humillado, Clemente VII pidió reconciliación, recibiendo de vuelta los territorios ocupados, además de Florencia, devuelta a los Médicis. Para agradar al emperador, negó la disolución del matrimonio del rey Enrique VIII de Inglaterra con Catalina de Aragón, que era tía de Carlos V. El episodio dio origen a la Iglesia Anglicana, en tesis destinada a la consagración del matrimonio de Enrique VIII con Ana Bolena. Como era de prever, la Inquisición portuguesa quedó en segundo plano en ese ambiente más allá de explosivo.

Clemente VII fue un fracaso completo desde el punto de vista militar, pero en el campo de las artes proyectó maestros de la pintura, como Rafael y Miguel Ángel. Envuelto en misterios, murió tras ingerir un almuerzo preparado a base de hongos venenosos en los subterráneos del Vaticano.

XX - La cartada final

La Inquisición entretiene la decadencia del Imperio

Sólo a partir del ascenso de Pablo III, en 1536, habría finalmente una combinación de fuerzas favorables a la llegada de la inquisición portuguesa. Nacido en Canino, Italia, con el nombre de Alessandro Farnese, el papa inició su carrera por las manos de Rodrigo Borgia, más tarde Alejandro V, patrono de la inquisición española. Presionado por Carlos V, o movido por inclinaciones personales, Pablo III no dudó en firmar la bula tan aguardada por D. João III y otros defensores de la persecución a los hebreos. Para mantener lo escrito, también en Portugal el Santo Oficio surgió como un tribunal eclesiástico al servicio de la Corona, sólo que sus tentáculos eran aún más fuertes y pegajosos que en España.

A partir de entonces, toda la población fue convocada para denunciar los casos de herejía de que tuviera conocimiento, aunque se tratase de mera sospechosa. El nuevo orden dejó en alboroto la región de Évora, donde se encontraba la Corte. Lo mismo sucedía en Lisboa, hacia donde siguió el monarca en 1537, llevando a los inquisidores, así como al libro de denuncias ya iniciado. En 1539, el cardenal D. Enrique, hermano de D. Juan III, se convirtió en inquisidor general del reino, cargo asumido después por el propio rey, que ni por un segundo dio tranquilidad a los judíos.

Con el agravamiento de las persecuciones, Holanda, Turquía, Siria, así como Ferrara, Venecia y Salónica, en Grecia, pasaron a acoger a levas de víctimas del Santo Oficio. Pero la desbandada fue un mal negocio para Portugal. Antes, entre las mayores potencias económicas europeas, el país inició un ciclo declinante, que se agravó aún más en el corto y desastroso reinado de Don Sebastián, nieto y sucesor de Juan III. Para el historiador David Landes, la expulsión de las comunidades judías de la Península Ibérica en el siglo XVI fue un factor fundamental para la decadencia de Portugal y España, entonces en el auge de su influencia. Landes destaca que, ya en el período manuelino, científicos, matemáticos y astrónomos dejaron al país bajo amenaza de muerte, cuando deberían haber sido preservados. Según él, la inquisición portuguesa quemó su primer herético en 1543, pero se transformó en una institución realmente escalofriante a partir de 1580, tras la unión de las Coronas portuguesa y española bajo el mando de Felipe II de España.

SEGUNDA PARTE

PERSECUCIONES Y CONVERGENCIAS

"He observado en el mundo cristiano una tal ausencia
de contención en relación a la guerra que hasta
las razas bárbaras se habrían de avergonzarse".
Hugo Grotius (1543-1645)

I - Doña Gracia Nasi

La judía que afrontó imperios para salvar exiliados

La confiscación de bienes se transformó en práctica ordinaria en Portugal, alcanzando no sólo a los condenados a muerte por herejía, sino también a los simples condenados a prisión por cualquier motivo. Sin embargo, los cristianos-nuevos eran el blanco principal de la Inquisición, siendo que los más ricos intentaban negociar con la Corte la salida del país mediante indemnización, mientras que a los más pobres no les quedaba alternativa a no ser la fuga. En la hora de la desesperación, muchos contaron con la providencial ayuda de Doña Gracia Nasi, la banca judía que enfrentó la tiranía al montar una red clandestina de protección a los marranos, no sólo en la Península Ibérica como en otras regiones de Europa.

Nacida en Lisboa en 1510 bajo el nombre cristiano de Beatriz de Luna, desde niña se había acostumbrado a practicar el judaísmo clandestinamente, presentándose como cristiana ante la sociedad. A los 18 años, se casó con el banquero marrano Francisco Mendes, que ya daba cobertura a los judíos perseguidos, con apoyo de sus empresas en Portugal y en los Países Bajos. Sin embargo, incluso antes de instituida la Inquisición, la fortuna de los Mendes también quedó bajo el riesgo de confiscación, por orden de D. João III y del emperador Carlos V. Alrededor de 1535, la familia planeaba trasladar los bienes a otras plazas y, salir del país, pero los planes fueron frustrados debido a la muerte de Francisco. A los 26 años, Gracia Nasi Mendes dejó Lisboa silenciosamente, pero no lo hizo sin antes de organizar un funeral de su marido en el ritual cristiano, con la promesa de que un día haría lo mismo de acuerdo con la tradición judía.

Con su hija en los brazos, se embarcó a Londres, de donde siguió a los Países Bajos, junto a su hermana Reyna y los sobrinos José y Samuel. En Amberes, quedó socia del cuñado Diego, que al morir dejó el control de las empresas en sus manos. Para desempeñar la tarea, Gracia contó con la ayuda del sobrino José, entonces con 22 años, que se reveló hábil como negociante y diplomático, actuando en diversas situaciones complicadas.

La hija de Gracia Nasi, que se llamaba Reyna, en homenaje a la tía, despertó la ambición de hombres ricos y poderosos, como el noble cristiano Francisco de Aragón, de avanzada edad, pero miembro de la realeza . Para Gracia, además de inconveniente, el pedido constituía un serio problema personal, pues ella ya había decidido que Reyna se casaría con un judío. En el acoso del pretendido y la presión de la familia imperial, Gracia alegó que necesitaba viajar al balneario de Aquisgrán para tratar de una enfermedad, de donde escapó a Venecia, pasando antes por Lyon, llevando consigo a la hermana, a la sobrina ya la hija. La fuga irritó a las autoridades locales, que en represalia embargaron el patrimonio de los Mendes, sólo liberado tras dos años de negociación y trasladado a Venecia, nuevo destino de la familia. Pero otros problemas comenzaron a surgir en el seno de la propia familia.

Por divergencias en cuanto al control de los negocios, Gracia fue denunciada como judaizante por la hermana y acabó presa. Irónicamente, la denunciante también fue acusada de judaísmo por un agente francés, siguiendo así a la cárcel. Como en otras ocasiones, José empleó sus habilidades diplomáticas para liberar a las tías, auxiliado por el sultán turco Suleiman. La familia se trasladó a Ferrara, donde la banca no sólo siguió apoyando a las víctimas de la Inquisición, como patrocinó la publicación de la Biblia de Ferrara, primera traducción del libro sagrado del hebreo al español, así como otras obras judías, como, por ejemplo, la *Consolación a las tribulaciones de Israel*, de Samuel Usque. De Ferrara, la familia partió a Constantinopla, donde Gracia fue recibida con fiesta por los judíos.

Al llegar a Turquía, una de sus primeras providencias fue cumplir la promesa de trasladar a los restos del marido de Lisboa a la Tierra de Israel, proporcionando su sepultura al pie del Monte de los Olivos, sin interrumpir la lucha en defensa de los marranos. Cuando el papa Pablo IV desencadenó una ola de violencia contra los cristianos-nuevos, en Ancona, Italia, Doña Gracia lideró el boicot de la comunidad financiera judía contra el puerto de la ciudad, pero el plan naufragó por no contar con el apoyo del rabino Josué Soncino, de la Sinagoga de Constantinopla.

Al final de su vida, Doña Gracia intentó realizar un sueño de crear un Estado judío, o un lugar que sirviera de refugio para todos los judíos dispersos por el mundo. De esa forma, en 1560, ella presentó al sultán Suleiman una petición formal para el arrendamiento de Tiberíades, que formaba parte del Imperio Otomano. Bajo su mando, la ciudad tuvo un rápido ascenso, pero con la misma rapidez entró en declive tras su muerte.

Gracia Nasi murió en 1569, a los 59 años, causando una ola de pesar no sólo entre los sefardí que tanto apoyó, como también en las comunidades judías de Europa y del Imperio Otomano. Su memoria está perpetuada en publicaciones eruditas, siendo comparada a las grandes heroínas bíblicas. En Portugal, su nombre reverbera como patrona de la resistencia judía. Su ejemplo de coraje estimuló la lucha contra la persecución perpetrada por una monarquía desvaída.

II - Unión Ibérica

España "hereda, compra y conquista" Portugal

Los caminos de los judíos volvieron a cruzarse con los de los españoles al ser constituida la Unión Ibérica, por la cual Portugal y España pasaron a ser regidos por una única Corona. El arreglo fue hecho tras la muerte del rey Don Sebastián, en 1578, a los 24 años, en la batalla de Alcacer-Quibir, y cuyo cuerpo no fue encontrado o reconocido. Con eso, el candidato más cotizado para asumir el trono portugués sería Mons. Antônio, Prior del Crato, nieto de D. Manuel, pero pesaba sobre él la acusación de ser hijo de una cristiana-nueva llamada Violante Gomes. Su tío Don Enrique, que asumió el poder provisionalmente, murió antes de que las Cortes reunidas eligieran un sucesor.

En el caso del rey de España, Felipe II, entró en la disputa, a pesar de ser nieto de D. Manuel por vía materna, lo que reduciría sus posibilidades ante los demás pretendientes, como la duquesa de Braganza, D. Catalina, y el propio Prior de Crato, ambos nietos por vía paterna. Pero Felipe dio una demostración de fuerza al invadir Lisboa con su ejército, además de haber sobornado la nobleza con el oro venido de América. Al vencer la disputa, se peleó orgullosamente en el pecho y gritó: "Portugal, yo te he heredado, conquistado, y comprado". Con el título de Filipe I en Portugal, dio inicio a un período dinástico de 60 años caracterizado por la persecución implacable a los judíos, entre 1580 y 1640.

Filipe llevó a Lisboa al Cardenal Alberto, su sobrino, dejando en sus manos los poderes eclesiales, inquisitoriales y políticos. Los cristianos-nuevos temían que el nuevo orden establecido provocara una tempestad devastadora en los negocios, pero ellos continuaron en la dirección del "Consulado", entidad que reunía a comerciantes del comercio internacional. Muchos empresarios de Lisboa y de Oporto, sin embargo, se trasladaron a Holanda, donde fortalecieron la comunidad judía de Ámsterdam.

III - Fuego cruzado

Los ingleses hunden a la Invencible Armada

M ientras los inquisidores perseguían a familias judías, Francia, Inglaterra y Holanda se preparaban para invadir los espacios coloniales españoles a fin de debilitar el imperio. Lejos de intimidar con las amenazas, en 1588, Felipe II partió para el ataque contra Inglaterra, como un gigante rabioso mostrando su fuerza. El pretexto era vengar la muerte de la reina católica Mary Stuart, de Escocia, ejecutada a mando de Isabel I, así como castigar a los ingleses por el apoyo dado al Prior del Crato en la disputa por la sucesión al trono portugués, dejando a Inglaterra de rodillas.

Conocida como la Invencible Armada, la escuadra española se concentró inicialmente en Lisboa, reuniendo cerca de 200 buques y un ejército de 20 mil hombres carentes de motivación y estrategia. Los ingleses armaron un fuerte esquema de defensa y forzaron al enemigo desde el Mar del Norte, donde la Invencible Armada vagó sin rumbo en la tormenta hasta la capitulación. De las 200 embarcaciones, sólo 53 regresaron a los puertos de origen, en medio de hambre, enfermedades y humillación. La derrota de España motivó a sus enemigos a partir para nuevos ataques.

En los Países Bajos, la lucha contra el dominio español se inició en 1567, cuando Filipe II aplastó una rebelión de la nobleza, insatisfecha con los altos impuestos, el desempleo y la persecución católica contra los calvinistas. En

1576, los españoles saquearon a Amberes y mataron a cerca de siete mil personas, desencadenando la revuelta liberal, liderada por Guillermo, el Taciturno, que marcó el inicio de la Guerra de los 80 Años. En 1579, las provincias del sur, de tendencia católica, formaron la Unión de Arras y hicieron las paces con España, mientras que las del norte formaron la Unión de Utrecht, creando la República de las Siete provincias de los Países Bajos - Frisia, Groningen, Güeldres, Holanda, Overijssel, Utrecht y Zelanda. En 1584, Guillermo fue asesinado por un fanático al servicio de Felipe II, haciendo crecer más y más la revuelta, así como el sentimiento de independencia.

En ese período, Holanda se transformó en una potencia mundial, con gran poder naval, experimentando no sólo un crecimiento económico, sino también científico y cultural. Además de las oportunidades de negocios, la libertad religiosa establecida en la Declaración de Utrecht atrajo a las ligas de judíos huidos de Portugal, España, Italia, así como del norte de África, de Francia y hasta de Brasil, presionados por las visitas del Santo Oficio.

IV - Compromiso histórico

Holanda abre los senderos de la libertad

En realidad, la migración data de la época de la conversión forzada en Portugal, pero el movimiento creció con la llegada de la Inquisición, en 1536. La formación de la comunidad de Ámsterdam, sin embargo, tiene como referencia la llegada del rabino Uri Halevi en 1602, así como la creación de la primera sinagoga por el mercader portugués Jacob Tirado. Egreso de Olinda, Pernambuco, donde construyó reputación de exportador de azúcar, Tirado es citado varias veces en los autos de la Primera Visitación del Santo Oficio a Brasil, entre 1593 y 1595, con el nombre de James Lopes da Costa.

Al inaugurar la sinagoga, recibió la visita de una patrulla encabezada por el alcalde de Ámsterdam, interesado en saber lo que pasaba en aquella residencia, que parecía tan concurrida. Sin hablar holandés, el mercader intentó explicar en portugués, después en latín, que todos allí querían simplemente rezar en paz, de acuerdo con su fe. Después de un breve silencio, el alcalde causó sorpresa no sólo al autorizar el culto, como al pedir que los judíos rezara también por el éxito de Holanda. A pesar de ser una gran parte del comercio mundial, el país sufrió restricciones impuestas por la Unión Ibérica liderada por Felipe II. Pero el cuadro empezaba a cambiar, como el caleidoscopio de un viaje fantástico.

V - Crepúsculo tenebroso

El arrepentimiento ronda Felipe II en la hora de la muerte

Después de dejar su marca como uno de los monarcas más sanguinarios de su época, Felipe II murió en 1598, pasando los destinos de la Unión Ibérica a su hijo y heredero Filipe III, que tenía entonces 20 años de edad y poca aptitud para el cargo. En el lecho de muerte, el rey destiló resentimientos al confesar que prefería haber nacido párroco de pueblo. Entre suspiros, explicó que, a la hora de dejar el mundo, hasta el monarca más poderoso se nivelaba a los seres pobres y anónimos.

Pasado el funeral, Filipe III percibió que la herencia paterna incluía enemigos poderosos, como Inglaterra, Francia y Holanda, además de una corona teñida de dolor. En el caso de los judíos, Francia, en el siglo XVIII, seguía la línea dura de sus antecesores, con el respaldo de los ejércitos de inquisidores portugueses y españoles. Así, en 1618 ordenó la visita del Tribunal del Santo Oficio a Brasil y instaló la Corte en Portugal para acompañar de cerca las diligencias.

Los conflictos psicológicos, sin embargo, erosionaron la conciencia del rey, como una angustia hereditaria. A ejemplo del padre, Felipe III también calificó la vida como una carga a la hora de la muerte. En sus últimas palabras, pidió que se difundiera en el reino la idea de que no vale nada ser rey, "a no ser para sentirse mayor tormento de haber sido". Él todavía lamentó no haber vivido como un peregrino en el desierto en vez de rey, según relata el biógrafo Antonio María de Ligorio. El poder, o la carga, como él quería, fue asumido por su hijo Felipe IV, que vendría a ser el último monarca de la dinastía filipina.

VI - En la sombra del poder

Conde roba la escena en la corte de Felipe IV

En el siglo XVIII, el príncipe de Asturias fue aclamado rey de España, el 31 de marzo de 1621, a los 16 años, quedando 44 años en el trono, en parte dividido con el primer ministro y hombre fuerte del reino, D. Gaspar Filipe de Guzmán, el conde-duque de Olivares. En el marco de una política centralizadora y de la sumisión de las provincias españolas al gobierno de Madrid, Olivares hizo que aumentar el descontento de los portugueses hacia España.

El rey estuvo siempre envuelto en guerras, sediciones, intrigas, sobre todo con Holanda y Francia, donde los cardenales Mazarino y Richelieu buscaban debilitar la hegemonía de España en Europa. Más objetivo, Olivares intentó atraer mercaderes judíos a su área de influencia, al ofrecer ventajas en el comercio con las Américas, pero el proyecto no avanzó.

En la práctica, su actuación fue marcada por el recrudecimiento de la guerra contra las Provincias Unidas, imponiendo duras restricciones a la presencia de Holanda en las rutas luso-españolas. Además de la disputa comercial fuerte, una combinación de factores llevó a los judíos a tener un papel destacado en los Países Bajos.

VII - Acento lusitano

Ámsterdam adopta al portugués en el cotidiano

Entre otras actividades y oficios, los hebreos se firmaron en la economía holandesa en industrias como las del tabaco, refino de azúcar y impresión, sin contar el sector de diamantes, una especialidad casi exclusivamente judía. Pero es bueno subrayar que el corazón de todo ese movimiento era el comercio de azúcar, también dominado por los judíos, aunque no fuera una vocación típicamente holandesa. En contacto con cristianos-nuevos de Portugal y Brasil, cabía a los mercaderes comprar el producto en estado bruto, refinar en Holanda y distribuir por el resto de Europa.

Sólo entre 1610 y 1621, cerca de un millón de toneladas fueron procesadas en las refinerías holandesas, lo que llevó al país al perfeccionamiento de esa tecnología y al dominio del mercado. Este período de prosperidad coincidió con la tregua de los doce años con los españoles, pero luego las hostilidades se reanudaran.

Con el reinicio de la guerra, los holandeses estaban otra vez prohibidos de hacer negocios en los dominios españoles, incluso en Brasil. Prácticamente dependientes del lucrativo filón azucarero, los bátavos buscaron alternativas para continuar en el mercado, tales como debilitar al enemigo. La asociación con los judíos surgía como parte de un proceso tejido a lo largo de los años.

Los judíos de Ámsterdam estaban organizados no sólo en el plano religioso, sino también en lo social y político, según revelan los contratos comerciales y los registros en las oficinas. Por ejemplo, el primer contrato de sacrificio kosher, es decir, en obediencia a las leyes judías, según las cuales sólo una persona entrenada está apta para preparar la carne. También, en ese período, se construyó el primer cementerio judío, a pesar de las protestas de los radicales de la Iglesia Reformada.

Venció el pragmatismo de las autoridades civiles, pero eso no impidió la promulgación de nuevas leyes dando autonomía a cada ciudad para trabajar la cuestión judía a su manera. En Ámsterdam, sin embargo, se decidió que tendrían actuación libre en diversas actividades, a pesar de que existían reglas como la obligatoriedad de exposición de la identificación judía en las vestiduras. A diferencia de las ciudades portuguesas y españolas, allí no habían comunidades judías o guetos, pero el hecho de que las familias vivían cerca unas de otras dio origen al enorme barrio judío donde Rembrandt vivió y produjo algunas de sus obras.

A pesar de las expulsiones sufridas, la comunidad guardaba recuerdos positivos de la Península Ibérica, adoptando el portugués en el cotidiano. Además de ser un distintivo de origen, la lengua pasó a ser fundamental para los proyectos holandeses.

VIII - Batalla naval

Un plan para perforar el bloqueo español

En 1621, los holandeses fundaron la Compañía Holandesa de las Indias Occidentales (West-Indische Compagnie, o WIC), empresa de capital privado, basada en la experiencia de la Compañía de las Indias Orientales (VOC), que desde 1606 poseía el monopolio del comercio del país asiático. Ambas mantenían cinco oficinas, o cámaras, instaladas en Ámsterdam, Midelburgo, Rotterdam, Hoorn, y Groningen, pero a diferencia de la VOC, la WIC no tenía permiso para hacer operaciones de guerra sin la aprobación del gobierno. También conocido como Consejo de los XIX, o Heeren XIX, la dirección de la WIC estaba compuesta por 19 miembros, a los que cabía resolver pendencias y definir prioridades. Los judíos entraron como socios minoritarios de la empresa, pero no raramente tuvieron influencia en sus rumbos, en situaciones delicadas para la comunidad. Esta participación inicial estaba particularmente orientada al negocio azucarero, que incluía una amplia cadena de comerciantes y profesionales.

IX - Fiasco en Bahia

Los padres y los hidalgos expulsan a los invasores

En busca del azúcar brasileño, los bátavos invadieron Bahía en 1624 equipados con 26 buques de guerra y 3.300 hombres, bajo el mando del almirante Jacob Willekens. Aunque había sido avisado por el conde duque de Olivares, el gobernador Diogo de Mendonça Furtado no pudo hacer nada para detener al enemigo. En realidad, la verdadera defensa de la capitanía fue organizada y liderada por el obispo D. Marcos Teixeira, que, de tercero en la mano, reveló dotes de estratega.

Con la ventaja de conocer el terreno, los brasileños rodearon la ciudad con trampas mortales para quien sobrepasara las murallas. La eficacia del sistema fue comprobada al principio de la invasión, cuando el propio gobernador holandés, Johan van Dorth, y su sustituto inmediato, el coronel Albert Schouten, cayeron muertos sin apelación. Sin su comandante máximo, la tropa invasora quedó desconcertada, pero el peor estaba por venir.

En España, Felipe IV tomó la invasión como una ofensa a su grandeza y gritó que iría a expulsar a los "malditos holandeses", pero otros compromisos y atribuciones lo arrestaron a la Corte. En el eco de la declaración del rey, nobles españoles decidieron luchar en su lugar, organizando una escuadra, lo que también sucedió en Portugal. Los hidalgos formaron una flota de 52 buques, 12 mil soldados y más de mil cañones, representando la mayor flota de guerra que se ha visto hasta entonces en el Atlántico Sur, conocida como La Escuadra de los Vassal. Para completar, al llegar a Brasil, en marzo de 1625, los europeos recibieron el refuerzo de pernambucanos y cariocas dotados de alguna hidalguía.

A partir de abril, la lucha se hizo tan intensa que, según el cronista Frei Vicente del Salvador, "durante veintitrés días, no se pasó un cuarto de hora sin que se oyera el estruendo de bombardas, esmeriles y mosquetes de parte "El día 30, los holandeses fueron forzados a la rendición, entregando a los brasileños todos los valores, además de armamentos, barcos, municiones y esclavos. En cambio, podrían regresar a Holanda llevando la ropa del cuerpo, suministros para tres meses, armas y municiones para la defensa en el viaje. El desastre casi puso a pique la propia WIC, que sobrevivió por interferencia de la suerte.

X - Un golpe de maestro

La plata española financia la ocupación

Prácticamente insolvente después del fracaso en Bahía, la Compañía de las Indias Occidentales apostó en el corso como alternativa al naufragio, una operación en la que el saqueo es autorizado por el Estado. Para ello, contrató al almirante Piet Heyn, que dejó Holanda en mayo de 1628 con una escuadra de 21 barcos, 688 cañones y unos 4.000 soldados hacia el Caribe. Después de una larga espera en la bahía de Matanzas, cerca de

Cuba, el 8 de septiembre, Heyn acorraló a un galeón español y otros tres barcos cargados de plata y oro, producto de un año de explotación en las minas de Perú, Honduras y México. Bajo la mira de cañones, el comandante español entregó una carga de 90 toneladas de plata, 45 de oro, cerca de mil perlas, además de toneladas de cuero, colorantes y plantas medicinales. Una victoria histórica de Holanda cuando todo parecía perdido.

En Madrid, Felipe IV tuvo un acceso de cólera al saber de lo ocurrido y decretó la muerte de los comandantes derrotados, así como la exposición de sus cabezas en las calles para servir de ejemplo. En la Haya, sede del gobierno holandés, Piet Heyn y su comandante inmediato, almirante Hendrick Lonck, fueron recibidos como héroes nacionales, con derecho a fiestas, tiros de artillería, repicar de campanas, fuegos artificiales, además de ser condecorados con una medalla acuñada con el metal precioso sacado del enemigo.

El saque garantizó por la primera vez el pago de dividendos a los socios de la Compañía, así como financió la invasión de Pernambuco, el mayor productor mundial de azúcar.

TERCERA PARTE

PÓLVORA Y AZÚCAR EN LOS RASTROS BÁTAVOS

"Ningún rasgo de justicia divina es posible,
excepto cuando los hombres justos reinan."
Aristóteles (384 a. C. - 322 a. C.)

I - Operación Nueva Holanda
Las tropas desfilan antes del embarque

La plata española sirvió para el montaje de la mayor escuadra hasta
entonces puesta al servicio de Holanda, constituida por 67 barcos, 3.780
marineros, 3.500 soldados y 1.170 cañones, que partió de Textel a fines de
noviembre de 1629 bajo el mando de Hendrick Lonck. Antes, sin embargo,
los preparativos movilizaron la atención del país, según revela Ambrosio
Richshoffer en *Diario de un soldado*, un pequeño clásico de la bibliografía
sobre el Brasil Holandés.

Nacido en Estrasburgo, Alemania, Richshoffer se alistó en el ejército de
la Compañía de las Indias Occidentales en abril de 1629 para tomar parte
de la expedición. El dijo que recibió dos meses de sueldo adelantado, además de la convocatoria para desfilar por las calles de Ámsterdam, con las
banderas de la WIC y de Holanda. El propio soldado se encargó de desha-
cer el pabellón de su compañía, según él, no por mérito jerárquico, sino por
ser el mejor trazado. Después de la euforia del partido, el viaje se arrastró
por ocho penosos meses hasta llegar a la costa de Brasil.

A pesar de las dificultades de la travesía, con ataques de barcos españoles, escasez de alimentos y enfermedades, la flota llegó a Pernambuco
en febrero de 1630. De esa vez, le tocó al judío Antônio Dias Paparobalos guiar a los invasores hasta la playa de Pau Amarelo, cerca de Olinda,
pero lejos de la artillería pernambucana. El motivo de la elección es que
Paparobalos había vivido en Pernambuco durante algunos años, antes de
volver a Holanda y conocía el terreno "palmo a palmo". Otro que también
acompañó la flota desde la partida fue Duarte Saraiva, que más tarde ganó
proyección en la comunidad como comerciante.

Así como en el caso de Bahía, también esta vez, la reacción de España
fue lenta. Sólo un mes después fue que Felipe IV envió una escuadra para
expulsar a los holandeses, con el almirante Antônio de Oquendo al mando.
Por coincidencia, el Consejo de los XIX también mandaba una armada
auxiliar, bajo el mando de Adriaan Janszoon Pater, con 16 buques y 2.130

marinos. En la retaguardia siguieron el coronel polaco Christoffel Arci-
zewsky y el general alemán Sigmund Von Schkoppe, que se quedó en Brasil
hasta 1654, como se verá adelante. Aunque han vencido el enfrentamiento,
los holandeses sufrieron enormes bajas, incluido el comandante Adriaan
Pater. La resistencia por tierra también fue pesada, dejando poco margen
de maniobra a los invasores.

Con el empleo de tácticas de guerrilla, el gobernador pernambucano
Matias de Albuquerque aseguró el avance enemigo en los dos primeros
años, siendo, sin embargo, vencido tras la traición de Domingos Fernandes
Calabar, que acabó preso y ejecutado por Albuquerque en la región de
Porto Calvo, en Alagoas.

Vencidos los principales focos de resistencia, la Compañía de las Indias
Occidentales dio inicio a la consolidación del Brasil Holandés, con foco
en la economía del azúcar. Para los judíos, una gran oportunidad se abría.

II - Hebreos en disparada

Los mercaderes buscan espacio en la colonia

B asado en el número de solicitudes de embarque entregadas al Consejo
Político de la WIC, el historiador José Antônio Gonsalves de Mello afirma
que a partir de 1635 hubo una gran desbandada de los judíos para la "tierra
del azúcar". Mello elaboró una lista extraída del único libro de actas de la
WIC aún existente, cubriendo el período entre el 1 de enero de 1635 y el
31 de diciembre de 1636. Entre los judíos que se trasladaron al Nordeste en
la ocasión, el historiador destaca los registros de Abraham Sierra, con dos
hijos y un hermano; Jacobus Abecanar, cuatro hijos; Jacob Moreno, con la
mujer, deseando establecerse como cirujano en Paraíba; Pedro de Lafaia,
la mujer, dos sobrinos y dos sobrinas; la mujer y dos hijos de Diogo Peixoto,
que ya se encontraba en Recife; los orfebres Moisés Neto, Isaac Navarro y
Matias Cohen; Aarón Navarro y un criado; Miguel Rodrigues Mendes; Bento
Rodrigues; Benjamín de Pina; Juan Carlos; Abraham Cardoso y Isaac de
Cáceres; Daniel Gabilho, que viajaba al servicio de Duarte Saraiva, merca-

der ya residente en Pernambuco; David Ferdinandus; Simão Gomes Dias y Jacob Serra, con mujeres, hijos y todos los muebles; Rodrigues da Costa y Moisés Franco de Wit; Abraham Serra y un hijo de 16 años; David Levy Bon Dio; Jacob Fundão; Abraham Gabai, con su mujer, su madre y cinco hijos; Moisés Alves; Salvador de Andrade y David Gabai; Isaac de la Costa y su primo Bento Osório; Simão Gomes Dias, su mujer y una criada; Jacob Serra y su sobrino; Mardocai Serra; Samuel Namias; Jacques Rodrigues y su empleado; Jacob Rodrigues y Manuel Henriques, con su criado Moisés Rodrigues; además de los mercaderes David Atias, Jacob y Moisés Nunes.

En la llamada flota de la consolidación, enviada en 1634, el barco Tres Torres tenía al mando el judío Moisés Cohen, auxiliado por Joshua Cohen, Jacob Serra y un grupo de cristianos-nuevos. Los nombres de Moises Navarro, Antonio Manuel y David Testa, entraron a la historia como los primeros soldados hebreos que actuaban en las Américas, en medio de una legión extranjera formada por alemanes, escoceses y suecos, además de los propios holandeses. Los combatientes reclutados tenían un contrato de tres años, al término del cual podrían permanecer en Brasil, libres para cuidar de proyectos personales. La presencia de judíos en Brasil no era novedad desde 1500, tanto menos en Pernambuco.

III - Otros llegaron primero

Los cristianos-nuevos dominaban el comercio

Los judíos llegaron a Brasil en las primeras expediciones, animados por la aventura, por las posibilidades de negocios o por la fuga de la Inquisición. En 1577, las actividades de los cristianos-nuevos en el comercio eran tan intensas que el entonces regente de Portugal, D. Henrique, prohibió el embarque de conversos a la colonia. El decreto provocó pánico en la comunidad, pero luego fue revocado mediante el pago de 1,7 millones de cruzados a la Corona por marranos de Lisboa y Brasil.

En Pernambuco, el marco de la primera presencia documentada de cristianos-nuevos con el objetivo de fijar residencia fue la donación de tierras a

Diogo Fernandes y Pedro Álvares Madeira para la construcción del Engenho Camaragibe, en 1542. Diogo estaba casado con Blanca Dias, que en el caso de Pedro, se sabe que procedía de la Isla de Madeira y era especialista en la fabricación de azúcar. Ocurre que, en 1555, el ingenio fue incendiado.

IV - Visitantes sombríos

Poetas marranos tragados por el Santo Oficio

A finales del siglo XVI, con ocasión de la Primera Visitación del Santo Oficio a Brasil, entre 1593 y 1595, era ya considerable el número de cristianos-nuevos y criptojudeos en Pernambuco, lo que justificaba el trabajo de la Inquisición.

Una de las víctimas fue Bento Teixeira, autor de *Prosopopeya*, la primera obra poética producida en Brasil a ser impresa en forma de libro. Nacido en la ciudad de Porto en 1561, Bento Teixeira vivió en Bahía antes de mudarse a Pernambuco, donde actuó como maestro-escuela en Olinda, Igarassu y Cabo, y fue uno de los responsables de la formación de gran parte de los hijos de la élite de entonces. Jugado en las cárceles en Lisboa, murió a los 40 años.

Destino similar también tuvo el autor de *Diálogos de las grandezas de Brasil*, Ambrosio Fernandes Brandão, obra en la que dos interlocutores mantienen un debate sobre las riquezas naturales del país. En el caso, son el propio Ambrosio y su amigo Nuno Álvares, ambos cristianos-nuevos y denunciados ante la Inquisición, en Bahía, el 8 de octubre de 1591, porque hubieran frecuentado la esnoga de Camaragibe, creada por Blanca Dias, una de los personajes más fuertes del período colonial brasileño.

V - Retrato de heroína

Blanca Días es símbolo de fe y resistencia

Los relatos sobre la figura de Blanca Dias perduran hasta los días actuales, destacando su coraje, fe y devoción al judaísmo. La versión más difundida sobre sus hechos, reales o imaginarios, afirma que ella nació en Portugal, en 1515, y, a los 27 años, respondía al proceso por prácticas judaizantes, época en que el marido, Diogo Fernandes, vino a Brasil. Sólo después de abjurar ante el Tribunal del Santo Oficio, ella habría tomado el barco con destino a Pernambuco, al lado de los cuatro hijos.

Al llegar, ayudó a su marido en la administración del ingenio, cuidó de las actividades domésticas y de la educación de los niños, pero enfrentó dificultades después de que el ingenio fue incendiado por los indios. Con la quiebra del emprendimiento y la muerte de Diogo Fernandes, Blanca Dias abrió una escuela para mujeres en Olinda, en busca de medios para sostener a sus hijos.

En casa, mantenía una esnoga para preservar las tradiciones judías, buscando agregar a las ceremonias a los cristianos-nuevos que se habían dispersado. En las fechas de fiestas sagradas, un aliado de la familia andaba por las calles llevando un lazo coloreado en la pierna derecha, como advertencia de que había ceremonia religiosa. Por su obstinación, pasó a ser considerada una heroína brasileña, siendo la primera mujer en enfrentar la intolerancia religiosa, además de haber sido la primera profesora laica de una escuela para niñas.

Según Antonio Gonsalves de Mello, ningún cristiano-nuevo recibió más acusaciones que Blanca Dias por el judaísmo. Como ya estaba muerta con ocasión de la visita del Santo Oficio, en 1593, las penas recayeron sobre su hija, Beatriz Fernandes, que fue presa y enviada al Paço de la Inquisición, en Lisboa, el 19 de enero de 1595. Portadora de deficiencias físicas y mentales, Beatriz, que atendía el apodo de "Alcorcovada", fue sometida a la cámara de tormento, recibiendo la sentencia de excomunión y confiscación de todos los bienes. Sin embargo, en el Brasil Holandés, los judíos respiraron con más libertad.

VI - El arte del negocio

Los judíos muestran mil y una habilidades

Ellos dominaron el comercio, principalmente en los seguimientos del azúcar y del tabaco, dedicándose también a la recolección de impuestos, siendo que algunos se convirtieron en señores de ingenio. También hubo los que negociaban esclavos, que eran rematados en subastas en el puerto de Recife y vendidos a plazo. El mercado de esclavos propiamente fue retratado por el pintor alemán Zacarias Wagener en una serie de acuarelas producida entre 1634 y 1641, con el nombre de Slavenmarkt.

Los judíos estuvieron presentes todavía en otras actividades profesionales, con destaque para el médico Abraham de Mercado, que tenía una clínica privada en la que vendía sus propios medicamentos; y Manuel Nunes, el Dr. Musaphia, judío portugués que había cuidado de algunos tripulantes desde la travesía del Atlántico, estableciéndose después en Recife. En la ingeniería, se destacó Baltazar da Fonseca, que construyó el primer puente de gran porte en Brasil, conectando el Recife a la isla de Antônio Vaz (de la que hablaremos adelante), sin olvidar los trabajos de Jacob Henriques y Isaac Navarro en la orfebrería.

En el campo de la medicina, la comunidad recifense fue responsable por el surgimiento del *Tratado médico dirigido a Brasil*, de Zacuto Lusitano, considerado el primer estudio sobre las enfermedades y remedios de las tierras brasileñas. Posible descendiente del sabio Abraham Zacuto, el autor redactó el trabajo en Ámsterdam y encaminó a su hijo, el comerciante Yaqov Zacuto, miembro de la comunidad. En sus investigaciones, se interesó por las propiedades de plantas exóticas, realzando las cualidades curativas del maracuyá, así como las virtudes del cacao.

Nacido en Lisboa en 1575, Zacuto Lusitano fue uno de los médicos más importantes de su época. A pesar de perseguido por la Inquisición, adoptó el nombre de Manuel Álvares de Távora al inicio de su carrera para actuar en la atención a las víctimas de la peste que devastó Lisboa en 1598. En Ámsterdam, también escribió De *medicorum principium historia*, que reúne observaciones sobre médicos de la antigüedad, y de *Praxi medica admiranda*, una colección de observaciones recogidas por él mismo y por otros médicos. En su patria adoptiva, hizo su propia circuncisión y adoptó el nombre de Abraham Zacuto, añadiendo el Lusitano en homenaje a la patria de origen. En Brasil, Yaqov Zacuto contribuyó al desarrollo del comercio local en estrecha correspondencia con Ámsterdam, junto a otros judíos egresados de Holanda.

VII - Marco de una era

La calle de los judíos concentra la comunidad

Aunque no habían creado propiamente un barrio, como en Ámsterdam, los judíos concentraron sus actividades en la región del puerto, donde el mercader Duarte Saraiva compró un terreno que se extendía hacia Olinda. Otros comerciantes siguieron en esa dirección, de modo que, a partir de 1636, el barrio pasó a ser conocido como Calle de los Judíos (Jodenstraat), denominación que se mantuvo hasta 1654, cuando los holandeses fueron expulsados.

Duarte Saraiva era también conocido como David Senior Colonel en sus relaciones con los judíos de Recife y Holanda. Nacido en 1572, era natural de Amarante, Portugal, y miembro de la familia Senior Colonel, radicada en Hamburgo. En Recife, fue uno de los nombres más respetados, recibiendo homenaje del rabino de Ámsterdam, Menasseh ben Israel, en el libro *El conciliador*, de 1641. En Holanda, su hijo Isaac Saraiva ejercía las funciones de rabino y maestro-escuela, entre los judíos portugueses y era uno de los líderes de esa comunidad. De interés diversificado, Saraiva tiene su nombre vinculado al comercio de esclavos y de madera, así como al fletamento de buques. Entre 1639 y 1644, remató el cobro de los impuestos de la WIC sobre la producción del azúcar.

Además de Saraiva, la calle de los judíos abrigó a otros mercaderes bien situados en la rueda de la fortuna, como Gaspar Francisco de la Costa, Moisés Navarro y Abraham Azevedo, entre otros.

Las construcciones seguían más o menos el mismo estándar, con la parte residencial en los pisos superiores, quedando el piso de bajo reservado al comercio. También en esos lugares se montaron las primeras esnogas hasta que la comunidad pudiese construir un espacio capaz de albergar a todos.

VIII - Candelabro iluminado

*Recife gana la primera sinagoga
de las Américas*

Inaugurada en 1636, la Kahal Kadosh Zur Israel - Comunidad Santa de la Roca de Israel - surge como un marco en la historia mundial del judaísmo, en una época marcada por la intolerancia. Para los judíos, más que una conquista colectiva, el templo representaba la realización de un sueño, en contraste con las persecuciones sufridas en España, Portugal y otros países de Europa.

Reconocida como la primera sinagoga erigida en el Nuevo Mundo, la Zur Israel se encontraba en la parte central de la calle de los judíos, ocupando el piso superior de un edificio geminado, siendo la planta baja ocupada por dos tiendas. Las actividades litúrgicas se realizaban en el amplio salón del primer piso, donde había un enorme armario de madera rente a la pared del frente, en el que se guardaban los rollos de la Torá. Al centro, quedaba la Tebá, una especie de altar destinado a la lectura de los textos sagrados y a los cánticos, donde también estaban las sillas destinadas a personas de mayor proyección en la comunidad. El edificio estaba a pocos metros del mar, donde las olas se chocaban a las rocas que inspiraron el nombre de la congregación.

Un año después, en 1637, el Recife ganaba todavía otra sinagoga, la Kahal Kadosh Maguen Abraham - o Santa Congregación Escudo de Abraham -, instalada en la casa de Jeoshua Jesurum de Haro, en la Ciudad-Mauricio. Sin embargo, la población judía era tan numerosa que motivó la creación de otras congregaciones menores, en Paraíba y en Itamaracá, esta última presidida por el rabino Jacob Lagarto, el primer escritor talmúdico de América del Sur. En esa misma época, también se inauguró el primer cementerio judío de las Américas, en el sitio de los conejos, barrio de Boa Vista, a unos dos kilómetros de la calle de los judíos. El poder de realización de los judíos no pasó desapercibido por cierta vecindad.

IX - El reverso de la medalla

El éxito israelí provoca la ira de los predicadores

Aunque la libertad religiosa fuera uno de los fundamentos de la República de las Siete provincias de los Países Bajos, los protestantes no dieron tranquilidad a los judíos en Pernambuco. Paralelamente a otras manifestaciones, el 23 de julio de 1636, los predicantes Schagen y Poel, de parte del Consejo de la Iglesia Reformada, habían llevado al Consejo Político la denuncia de que los judíos estaban estableciendo "una asamblea en forma de sinagoga". La misma reclamación fue enviada a la Cámara de Zelandia, en los Países Bajos, donde se encontraban los calvinistas más radicales, pero no hubo una respuesta inmediata.

En el fondo religioso, el punto central de la cuestión era la desenvoltura de los hebreos en el comercio local, lo que acabó generando una inusitada alianza entre calvinistas y cristianos portugueses, también llamados papistas. De acuerdo, elaboraron la primera representación oficial dirigida al Consejo de los XIX, firmada por dos holandeses y tres portugueses, fechada el 5 de diciembre de 1637. texto alertaba que Brasil "se estaba llenando de judíos" que, porque eran "enemigos de Cristo nuestro Salvador", no merecían ninguna amistad. Al final de la nota, ellos iban directamente al punto, exigiendo que los judíos fueran excluidos del comercio de venta al por menor. A pesar de la oposición cerrada, la comunidad no sólo mantuvo la rutina como se fortaleció aún más bajo el gobierno de Mauricio de Nassau.

X - Un hidalgo en apuros

Nassau cambia la Europa por los trópicos

Después de consolidada la conquista del territorio, en 1637, la Compañía de las Indias Occidentales contrató el conde Mauricio de Nassau, a peso de oro, con el objetivo de hacer la colonia dar ganancia. Presionado por las deudas derivadas de la construcción de un lujoso palacio en La Haya, él no dudó en asumir el cargo de Gobernador Civil y Militar del Brasil Holandés, por un plazo de cinco años, recibiendo sueldo de 1.500 floríñes mensuales, más el subsidio de 6.000 floríñes para pagar los gastos personales, una cuota mensual para los gastos de alimentación de su Corte, además de tener derecho al 2% sobre el total de las presas de guerra, sin contar el sueldo de coronel del ejército.

No todas las promesas de la WIC se cumplieron, pero el conde abrazó el proyecto con tanto entusiasmo que acabó transformándose en personaje de primer plan en la historia del Brasil. Al ser contratado, luego reunió a un grupo de científicos, teólogos, arquitectos, médicos y pintores, cuyos trabajos revolucionaron el conocimiento hasta entonces existente en Europa sobre el Nuevo Mundo. Entre otros, formaban parte del equipo el científico Willem Piso, que iba a estudiar las enfermedades tropicales; el paisajista Frans Post, en la época de 22 años; el retratista Albert Eckhout; el cartógrafo Cornelis Golijath; y el astrónomo sajón Georg Marggraf, que escribió la *Historia naturalis brasiliae* en sociedad con Piso. Se debe a Marggraf también la descripción del eclipse solar de 1640.

De perfil iluminista, Nassau inició sus estudios en la Universidad de Basilea, pasando después por la Universidad de Ginebra, centro difusor del calvinismo en Europa. Estudió con el teólogo francés Teodoro Bèze, biógrafo y sucesor de Calvino, antes de seguir al Collegium Mauritianum, institución creada para los hijos de la nobleza calvinista.

Su actuación fue pautada por la tolerancia, buscando acercamiento con la población local, desde los señores de ingenio, hasta los líderes católicos, hasta miembros de los estratos sociales más humildes. Para los judíos, la administración de Nassau representó un período de decantación de conquistas materiales y espirituales.

XI - La hora del azúcar

Judíos compran los ingenios llevados a la subasta

Nassau tenía 32 años al desembarcar en Recife, en enero de 1637, y mucha curiosidad en conocer las potencialidades del Nordeste brasileño. En el momento en que pisó tierra firme, sin embargo, partió para el

ataque contra la resistencia acuartelada en Porto Calvo, Alagoas, comandada por el Conde de Bagnoli, un oficial napolitano al servicio del conde
duque de Olivares. Con la fuga del italiano a Bahía, Nassau aprovechó la
oportunidad para conocer la región, avanzó hacia la desembocadura del
río San Francisco, donde construyó el Fuerte Mauricio y fijó los límites
meridionales del Brasil holandés.

Después de tres meses en campaña, volvió a Recife para iniciar la reac-
tivación del sistema azucarero. En aquella época, la producción estaba
reducida a cero, pues la casi totalidad de los ingenios había sido destruida
por la guerra, y la población rural sufrió dispersión, incluso los esclavos
hacia los quilombos.

El gobernador mandó fijar ediciones llevando a subasta 65 ingenios
que habían sido abandonados por los propietarios tras la rendición del
Arraial do Bom Jesus, dejando al rocío las moliendas, utensilios y plantacio-
nes. Estas pregones se coronaron de éxito, atrayendo no sólo a comerciantes portugueses, sino también a judíos y personalidades del gobierno, entre
ellos el coronel Sigmund Von Schkoppe y el consejero Jacob Stachower.

La participación de los judíos fue decisiva en esta etapa de recuperación económica, correspondiendo a ellos la adquisición de algunos de
los ingenios más productivos. Uno de los más destacados fue David Senior
Coronel, el Duarte Saraiva, propietario de siete ingenios: Bom Jesus do Cabo,
San Juan del Salgado, Nuevo del Cabo, Viejo del Beberibe, Camaçari, Rosa-
rio de la Torre y Magdalena. También ganó notoriedad el cristiano-nuevo
Duarte Dias Henriques, del ingenio Nuestra Señora de la Presentación,
defensor de la dispensa de los esclavos del trabajo los sábados. Otro caso
curioso fue el del judaizante Vicente Vila Real, que destruyó la capilla local
tras la compra. Convertido, Vila Real murió como consecuencia de una
hemorragia contraída en la circuncisión.

En una iniciativa osada, Nassau estimuló la concesión de préstamos
por la Compañía de las Indias Occidentales para la compra de esclavos,
la recuperación de las fábricas y la expansión de la plantación de la caña.
Con estas medidas, en poco tiempo, hubo un aumento de la producción
de azúcar, que saltó de 65.972 arrobas en 1637 a 447.562 arrobas en 1641.

Con la reanudación de la producción azucarera, Recife recibía un número cada vez mayor de inmigrantes de todos los orígenes, atraídos por la divulgación hecha en la Cámara de Ámsterdam. Un buen ejemplo fue el caso del mercader Manuel Mendes de Castro, que pidió autorización de embarque para 200 judíos, "entre pobres y ricos", con el objetivo de fundar una colonia agrícola en Pernambuco. Estos colonos se embarcaron en barcos fletados, llegando al puerto de Recife el 5 de febrero de 1638, pero Castro murió durante el viaje. En una carta remitida al Alto Consejo, Nassau informa sobre la llegada de aquellas familias, con la observación de que "en vez de encaminarse hacia su destino, todos aquí se dispersaron y cada uno tomó su camino, al perder a su jefe".

Al cumplirse su vocación, la comunidad dio un salto cualitativo al contratar a los rabinos Isaac Aboab y Raphael d'Aguilar para administraren las sinagogas Zur Israel y Magen Abrahan, con la concordancia y el apoyo de Holanda.

XII - Erudición y cabala

La tradición judía en el Nuevo Mundo

En Ámsterdam, los líderes judíos debatieron las formas de actuación de las sinagogas de Recife, así como la conveniencia o no de la reconversión de los cristianos-nuevos. La elección de los dos rabinos, sin embargo, atendía a las dos tendencias, con Raphael d'Aguilar representando a los conservadores y a Isaac Aboab a los liberales, o sea, favorables al retorno de los desgarrados.

Descendiente de la diáspora española, Aboab nació en Castro Daire, en la Beira Alta, en Portugal, en 1605. Aún niño, emigró con los padres a Francia y luego a Ámsterdam. Era bisnieto de Isaac Aboab, el último Gaón de Castilla, que negoció con D. João II el refugio para las familias expulsadas de España, como ya hablamos antes.

El rabino tenía seis años cuando la familia llegó a Ámsterdam en busca de un lugar donde pudiera practicar el judaísmo libremente, pero su padre, David Aboab, murió en los primeros días después del cambio. La familia garantizó sus estudios en las mejores escuelas de la ciudad, teniendo como profesor del Talmud el rabino Isaac Uziel de Fez, y, como compañero de clase, el futuro sabio Menasseh ben Israel.

A los 21 años, fue nombrado rabino de la congregación Beth Israel, ya los 33 era uno de los cuatro sabios de la nueva congregación Talmud Torah, resultante de la unificación de las tres congregaciones antes existentes. En la condición de más joven del grupo, enseñaba gramática hebrea, daba lecciones del Talmud para principiantes y predicaba en los cultos nocturnos.

Con ese currículo diferenciado, aceptó ser el jefe de la pionera y creciente comunidad judía de Recife, con una paga de 1.600 florines anuales. Remuneración aparte, desde la llegada, en 1641, hasta la partida, en 1654, él tomó la conducción de la Zur Israel como una misión divina. Entre múltiples actividades, se encargaba de todas las funciones rabínicas, hacía conferencias sobre el Talmud y era responsable de la circuncisión, además de celebrar los matrimonios. De tendencia mesiánica, tan pronto llegó a Brasil, Aboab se empeñó en traer de vuelta al judaísmo a los cristianos-nuevos que llegaron antes de los holandeses. También el rabino Raphael d'Aguilar se embarcó hacia Recife a principios de 1641, acompañado de un hermano, Aron Aguilar, y del sobrino Isaac de Castro Tartas, del que hablaremos en capítulo aparte. También descendiente de familia portuguesa, Aguilar nació en 1615 en Holanda, donde recibió educación judía y secular. Su tarea sería cuidar de la sinagoga Magen Abrahan, de la Ciudad-Mauricio. Pero no todo eran coincidencias entre los dos rabinos. Una de las diferencias era que Aguilar venía de familia pobre y fue subsidiado por la comunidad para completar sus estudios. Así como Aboab, él fue un alumno brillante, teniendo como tutor al rabino asquenazita Saúl Levi Mortera, fiel seguidor de la ortodoxia judía y radicalmente contra la vuelta de los conversos al judaísmo. El rabino buscaba en sus investigaciones el conocimiento de la naturaleza, la revelación sublime, o la intrigante paradoja del mundo a semejanza de Dios, volviéndose hacia el hombre a la semejanza del mundo. En su biblioteca, se encontraban desde los clásicos griegos, de fuentes platónicas, neoplatónicas y aristotélicas, hasta textos herméticos y cabalísticos. También escritor, se destacó por obras como el *Discurso sobre la significación* *de las letras hebreas,*cuyos indicios confirman la vocación cabalística. En línea paralela a Zur Israel, Magen Abrahan tenía un significado religioso y comunitario, en medio de aquella ciudad que emergía lentamente, como una perla entre rocas y manglares.

XIII – La inspiración renacentista

Una ciudad tropical en estilo europeo

L a revolución urbanística de Recife fue decisión personal de Mauricio de Nassau, al encontrarse con la falta de residencias en la sede de la colonia para atender a las levas de inmigrantes que llegaban a borbotones. En una carta enviada al Consejo de los XIX, observó que en la Isla de Antonio Vaz existían sólo "tres o cuatro almacenes y un convento", mientras que en la región portuaria, los alquileres eran más caros que en Ámsterdam. Para agravar el problema, los holandeses habían incendiado Olinda en 1631, haciendo que la ciudad concentrase a una población de cerca de 7 mil personas en las más precarias condiciones. Por más que se esforzase, el gobierno no tenía como ofrecer comodidad a los comerciantes, tampoco a los tripulantes de las flotas de la propia Compañía, a menos que construyese lo necesario.

El conde inició el proyecto de la Ciudad-Mauricio, Mauritsstaden, con sus calles, plazas, mercados, canales, jardines, puentes y saneamiento básico a la moda europea, en la isla de Antônio Vaz. En 1638, pidió al mando de la WIC el envío de ladrillos para las obras proyectadas por el arquitecto Pieter Post, el mismo que diseñó su palacete en La Haya. A medida que el Recife iba tomando forma de ciudad, surgía a su alrededor una atmósfera de progreso.

El proyecto requirió la construcción de diques, canalización de arroyos y puesta a tierra de las áreas de inundación y otras intervenciones jamás imaginadas en la colonia, ofreciendo un nuevo trazado al espacio antes ocupado por cabañas y un convento de frailes, como lo registra el *Atlas Vingboons* de 1639.

En el norte de la isla, el conde mandó construir el Palacio de Friburgo, que le servía de residencia y salón de despachos, con fachada flanqueada por dos altas torres, una de ellas usada como faro y observatorio astronómico, el primero de Latinoamérica. En el entorno del palacio, plantó un huerto con árboles frutales y instaló un zoológico con animales nativos. Su huerto tenía cerca de 900 naranjos, 80 limoneros, 80 granadas, 66 higueras, además de 700 cocoteros, sin contar las *jaqueiras*, los mamones, los *jenipapeiros*, las *mangabeiras* y los *cajueiros*. La propensión ecológica de Nassau iba más lejos: para garantizar alimentos a los habitantes, obligó a los señores de ingenio a subvirtieren el monocultivo de la caña y a plantaren 200 cuevas de mandioca para cada esclavo existente en la propiedad, considerando que se trataba del "pan de esa tierra". Otra construcción erigida por él fue el Palacio de Boa Vista, en el este de la Isla, proyectado como casa de campo.

En la administración de Nassau, Recife ganó servicios públicos esenciales, como bomberos y recolección de basura, estando adelante de cualquier otra en la colonia. En la evaluación del historiador norteamericano Robert Chester Smith, Nassau construyó la primera ciudad digna de ese nombre en toda la América portuguesa. Pero, en medio de los elogios, también quedaron críticas al conde.

Al analizar la situación de Recife en la época, Gilberto Freyre revela que ya existían los problemas de vivienda de una gran ciudad alucinada. Según el sociólogo, los sobrados de las casas de dos pisos eran "estrechísimos", pero albergaban un número excesivo de moradores, sin espacio para se movieren, mucho menos para respiraren libremente. Al tratar el tema en *Sobrados y mucambos*, Freyre no pierde la oportunidad para criticar la arquitectura traída por los holandeses, al afirmar que los tejados eran tan fieles al estilo holandés que no sería sorpresa si por ellos escurría la más pura nieve europea, no exactamente de la Holanda, pero de Escandinavia.

La realidad es que Recife era escenario de experiencias de sabor europeo en la alta y en la baja cultura. El propio Gilberto Freyre acusa a la ciudad de haberse transformado en el mayor foco de "sifilización" del país, con prostitutas holandesas y polacas por todas partes, lo que también es registrado, con asombro, por Manuel Calado, que tendenciosamente atribuye eso al dinero de los judíos. Pero no era sólo la arquitectura que llenaba el día a día del conde Mauricio de Nassau, restando espacio también para las armas.

XIV - España contra-ataca

Nassau muerde el cebo y tropieza en Bahía

En el año de llegada, Nassau volvió a enfrentarse al conde de Bagnoli en Sergipe, perdiendo la ilusión de que el Fuerte Mauricio serviría de protección contra las embestidas enemigas. Por precaución, él mandó reforzar la vigilancia, pues entendía aquella batalla como indicio de las amenazas que estarían en camino, hasta porque Bagnoli luchó sin el apoyo del gobernador-general, con quien estaba roto.

En 1638, hizo una excursión a Paraíba y al Río Grande del Norte, examinando las fortificaciones y reforzando la alianza con los indios Tapuias, enemigos mortales de los portugueses. En la vuelta a Pernambuco, fue informado de que el conde-duque Olivares y Felipe IV de España habían montado una estrategia para expulsar a los invasores partiendo de dos posiciones: mientras una tropa atacaba los bátavos en Europa, otra escuadra entraría en el Nordeste.

Al ser informado, Nassau se adelantó y atacó a Bahía con una escuadra compuesta de 36 buques y 3.600 soldados europeos y mil indios, obteniendo la rendición de los fuertes de San Alberto, San Felipe y San Bartolomé. Sólo que el conde Bagnoli y el gobernador-general hicieron las paces con el fin de acorralar a las tropas holandesas. En apenas una noche, Nassau sumó más de 300 bajas y partió en retirada, aunque sus tropas habían saqueado ingenios para compensar el desastre. A pesar de debilitado, en la vuelta a Recife, Nassau derrotó a la escuadra española comandada por el conde de la Torre, pero la derrota en Bahía ya había corrompido sus relaciones con los directivos de la Compañía. Al año siguiente, un cambio en el ajedrez político europeo sacudía las bases del Brasil Holandés.

XV - El despertar portugués

La insurrección derrumba
el usurpador

Los portugueses iniciaron una conspiración contra el dominio español en la madrugada del 1 de diciembre de 1640, cuando un grupo de hidalgos mató a la vice-reina Margarida Gonzaga, representante de Felipe IV en Lisboa. Momentos después, el anuncio de la restauración del trono portugués comenzó a extenderse por el mundo.

Con el fin de la Unión Ibérica, subió al poder el duque de Braganza, D. João IV, El Afortunado, tataranieto de D. Manuel I, El Venturoso. En principio, D. João se rehusó a aceptar la corona, pero fue convencido por la mujer, la duquesa Luisa, y por una inspiración mística basada en las profecías de Bandarra, un zapatero que predijo la vuelta de Don Sebastián, El Deseado, en un libro publicado en 1540.

Sin despreciar el patriotismo, los portugueses recurrieron al soporte místico para ampliar el poder de movilización. De hecho, las ideas de Bandarra influenciaron a los portugueses como una especie de grito de guerra, pero el origen de la revuelta eran los aumentos de impuestos y el nombramiento de un pariente del conde-duque Olivares al cargo de gobernador-general de las armas de Portugal. Con la restauración, también nacía en la Corte la idea de expulsar a los holandeses de Brasil, liderada por el camarero mayor del rey, conde de Penaguião.

Nassau entendió que el nuevo cuadro llevaría a Portugal y Holanda a la firma de un tratado de no agresión. Se adelantó a los hechos, invadió Angola, puesto de exportación de esclavos en África, y ocupó Sergipe en nombre de los holandeses. La actitud del gobernador fue motivo de revuelta en Lisboa cuando más adelante los dos países firmaron una tregua de 10 años, según el conde imaginara. Sin cerrar los ojos a lo que ocurría en Europa, se desdoblaba para vencer desafíos domésticos con habilidad de un malabarista.

XVI - El judío y el puente

El "buey volador" marca la
concreción de un sueño

E l conde aguardaba pacientemente los desdoblamientos de la nueva administración portuguesa, pero acompañaba la urbanización de Recife calle por calle, con una cinta en las manos "para conferir las medidas", como observa Manuel Calado. En enero de 1641, su foco pasó a ser la construcción de dos puentes, uno ligando el Recife a la Ciudad-Mauricio, en Antônio Vaz; otro, en la Boa Vista, vinculando la isla al continente, teniendo para eso contratado al contratista judío Baltasar da Fonseca. Ni la dirección de la WIC ni los propios recifenses tomaron en serio ese plano megalomaníaco. La desconfianza tenía sus fundamentos, ya que, al final de 1642, el primer puente se resumía a algunos pilares aislados y una cabecera tímida.

El conde recibió una censura por escrito WIC debido al retraso, en la cual los directores decían, con ironía, que la obra jamás sería concluida. Ya en las calles, era corriente el comentario de que "sería más fácil un buey volar que el puente se transformara en realidad". Tomado en los bríos, Nassau usó dinero del propio bolsillo para la conclusión de los trabajos, con la ayuda de Baltazar da Fonseca.

Como resultado del esfuerzo, cuatro meses después, surgía la estructura compuesta de dos cabeceras en piedra y 25 pilares de sustentación, algunos de madera, otros de piedra. En una de las extremidades, fueron esculpidas las armas del Príncipe de Orange y las de la Casa de Nassau; en la otra, fue grabada en piedra la inscripción: "Fundabat me illustrissimus Heros Ioannes Mauricius Comes Nassaviae, Ec. Dum In Brasilia Tierra Supremu Principatum Imperiumque Teneret. Anno Dni. MDCXXXX". El desafío estaba superado.

Con el buen humor en alza, el conde prometió presentar un "buey volador" el día de la inauguración, lo que de hecho ocurrió, para espanto de la mayoría. En realidad, se trataba de un buey exfoliado, relleno de paja, vagando con gracia y belleza de una cabecera a otra, como un observador misterioso. Por detrás de las cortinas, sin embargo, el rumiante estaba atado a las cuerdas de un mecanismo de poleas, controlado desde una cabina, aunque dejaba la impresión de estar vivo. Fue una forma exitosa de atraer al mayor número posible de personas al pago de peaje el día de la inauguración, que rindió 1.800 floríes a las arcas de la Compañía. Había en el aire de Recife, sin embargo, algo más pesado que un "buey volador".

CUARTA PARTE

LA REVUELTA NATIVA Y EL HEDOR DE LA INQUISICIÓN

"Los que conquistan son los
que creen que pueden conquistar".
Virgílio (70 a. C.- 19 a. C.)

I - El martirio de Isaac Tartas

La Inquisición quema sobrino de rabino

La Inquisición no tenía poderes sobre el Brasil Holandés, pero arrojaba el lazo contra víctimas indefensas cuando surgía una oportunidad. Fue lo que sucedió con el sobrino del rabino Raphael d'Aguilar, Isaac de Castro Tartas, preso arbitrariamente y condenado a la muerte.

Tartas llegó a Recife a los 16 años, al lado del tío, permaneciendo dos años entre Pernambuco y Paraíba, siguiendo luego a Bahía, lleno de planes dirigidos a la reconversión de cristianos-nuevos al judaísmo. Considerado brillante, había estudiado ciencias médicas, latín, hebreo, portugués, francés y español, además de tener buena formación religiosa. De nada adelantaron las advertencias de los parientes y amigos sobre los riesgos inherentes al viaje.

Al ser detenido en Salvador, tuvo la infeliz idea de presentarse como judío de la Nación ante el obispo de Bahía y delegado de la Inquisición en Brasil, D. Pedro da Silva. Tartas creía que así estaría libre de persecución, una vez que el blanco prioritario de los inquisidores eran los cristianos-nuevos, no los judíos que nunca fueron bautizados, pero la estrategia no surtió efecto. Como quien sigue un guión repetidamente ensayado, D. Pedro determinó a los auxiliares encapuchados que el joven fuera encarcelado, pues el sexto sentido le indicaba la existencia de un apóstata bajo el kipá.

En el primer testimonio, el prisionero declaró que era hijo de Abraham Meatoga y Sarah Meatoga y que había nacido en Avignon, en el sur de Francia, mudándose luego a Tartas, de donde había venido el apellido; y luego a Burdeos y París. Añadió que estudió filosofía y los primeros años de medicina en la capital francesa. Para dar verosimilitud al relato, dijo que se fingía cristiano entre los cristianos, llegando incluso a confesarse y asistir a la misa. La desconfianza del obispo, sin embargo, sólo hacía aumentar a cada confesión.

D. Pedro tenía una opinión formada, pero su irritación llegó al extremo al descubrir un Tefilin (pequeña bolsa de cuero con tramos de la Torá) entre las pertenencias del prisionero, dando por concluida su participación en el caso. Acusado de herejía, Isaac Tartas fue encaminado a la sede del Tribunal de la Inquisición, en Lisboa, junto con las actas del proceso.

En la nueva fase de la investigación, confesó que los verdaderos nombres de sus padres eran Cristovam Luis y Isabel de la Paz, ambos cristianos-nuevos naturales de Braganza, que intercambiaron Portugal por Francia en busca de libertad religiosa. Más aún, reveló que su nombre de registro era Tomás Luis, pero en ningún momento dijo que había sido bautizado. En busca de artificios para confundir a los inquisidores, dijo que la madre lo sustituyó fraudulentamente por otro niño en el momento del bautismo, razón por la cual se consideraba libre para practicar el judaísmo.

Basado en el testimonio de presidiarios, el tribunal llegó a la conclusión de que Isaac de Castro había ido a Bahía con la intención de allí enseñar la fe y los ritos de la Ley Mosaica a los marranos. En la opinión de los inquisidores, él había sido instruido a negar su condición de cristiano-nuevo a fin de escapar sin problemas, si fuera detenido. Ante el, el joven fue aconsejado a aceptar la doctrina de la Iglesia Católica Romana a cambio de la libertad. Con el fin de ayudarle, la Inquisición envió a la cárcel cinco frailes eruditos, que convocaron a Tartas a "abrir los ojos del alma a la luz de la verdad", pero los esfuerzos dieron en nada.

El judío afirmó que sabía que sería bien tratado si cambiaba de idea, pero reafirmó que jamás renegaría su fe. Con presiones y amenazas, el martirio prosiguió hasta el 15 de noviembre de 1647, cuando Tartas fue condenado a la pena de muerte en la hoguera. Al ser conducido por los verdugos, él recitaba en voz alta la frase Eli Hashem Zebaot (el Eterno de los Ejércitos Celestiales es Mi Dios) y, al llegar a la hoguera, reunió fuerzas para pronunciar: "Shema Israel A-do-nai Echad (Oye, Israel, El Eterno es nuestro Dios, El Eterno es Uno). Por haber nacido en Francia, su ejecución fue acompañada por el embajador del país en Lisboa, Marcel Lasnier, quien, en su informe, escribió que en toda su vida nunca había visto a alguien con tanta resolución y perseverancia.

Las palabras "Shema Israel" pasaron a ser pronunciadas en las calles de Lisboa como símbolo de resistencia a la intolerancia, hasta que fueron prohibidas por la Inquisición. La muerte de Tartas tuvo una fuerte repercusión en todo el mundo, no sólo entre los judíos. En Ámsterdam, donde su hermano mayor, David de Castro, era influyente empresario del sector gráfico, mereció destaque en varias publicaciones, además de ser reverenciado por poetas y tribunos, como el rabino Saúl Levi Mortera. En Pernambuco, la comunidad acompañó el caso con solidaridad y aprehensión.

II - El huevo de la serpiente

Extraños movimientos en el campo

L os judíos quedaron más vulnerables a las manifestaciones de intolerancia, después de la salida de Nassau, pero se mantuvieron al lado de Holanda. Ellos fueron los primeros en informar al Consejo Político sobre la extensión de la conspiración, basados en noticias traídas por comerciantes que actuaban en el interior. Algunos llegaron a hacer denuncias específicas sobre hechos sospechosos, como Moisés da Cunha, que extrañó las intenciones de señores de ingenio que enviaban joyas y platerías para Bahía, así como vendían esclavos y bueyes, como si reunían recursos para la guerra. Otros negociantes establecidos a orillas del Capibaribe y en la zona portuaria denunciaron la existencia de una operación secreta destinada a la compra de armas.

Desde el inicio del movimiento, los signos de decadencia estaban estampados en las calles de Recife, con el comercio estancado, la caída en la circulación de moneda y los frecuentes casos de deserción de mercenarios holandeses para el ejército portugués. Como medio de presión, el primer edicto publicado por los insurgentes convocaba a soldados alemanes, franceses e ingleses vinculados a Holanda a pasar al otro lado, con la promesa de que recibirían el sueldo atrasado. Si llevaban las armas, recibirían en doble. También se prometió que todas las creencias religiosas serían respetadas, los negros serían libertos y los deudores de la Compañía de las Indias Occidentales estarían amnistiados.

El propio João Fernandes Vieira, principal líder del movimiento, estimulaba los saqueos y decretaba la anulación de las deudas contraídas junto a los comerciantes judíos para los que cambiaban de lado. Una secuencia de episodios violentos estimuló el retorno de judíos a los Países Bajos o la desbandada hacia el interior en busca de seguridad. También hubo casos en que recién convertidos intentaron regresar otra vez al catolicismo, pero no fueron ahorrados.

III - Liderazgo en acción

Nativos usan palabra "patria" por primera vez

L a idea de la conspiración contra los holandeses hervía en la cabeza de Vieira desde 1641, pero no avanzaba debido a la fuerte autoridad representada por Nassau. En 1643, sin embargo, en Bahía, el gobernador general, Antônio Telles da Silva, envió a André Vidal de Negreiros a Pernambuco para organizar un grupo de militares, encabezados por Antonio Dias Cardoso, para dar fuerza a los insurgentes.

A finales de mayo de 1645, los principales líderes firmaron un documento en el que prometían emplear todo el tiempo y recursos necesarios para la restauración de la independencia de la patria, marcando por primera vez el uso de esa palabra en referencia a Brasil. Fernandes Vieira escogió el día de San Juan, 24 de junio, para el inicio de la rebelión, cuando pretendía atraer a los jefes holandeses a una fiesta y arrestarlos juntos. La quiebra de sigilo forzó una anticipación, haciendo que la insurrección tomara las calles más temprano.

De ascendencia judía, João Fernandes Vieira nació en la Isla de Madeira, pero llegó joven a Pernambuco, donde construyó fortuna como señor de ingenio y creador de ganado. Hasta 1638, actuó como maestro de los ingenios del Medio, Sant'Ana, y Ilhetas, pertenecientes al consejero holandés Jacob Stachhouwer, en sociedad con Nicolaes de Rideer. Con el regreso de Stachhouwer en aquel año a Holanda, Vieira se quedó como su procurador, llegando a convertirse en dueño del negocio. En 1642, su deuda con la WIC era estimada en 219.854 florínes, la segunda más elevada entre los señores de ingenio.

A la Iglesia Católica, pagaba del propio bolsillo la recuperación de los templos dañados por la guerra, además de haber convertido a cinco judíos al catolicismo, de los cuales había sido padrino. Para consolidar el prestigio, se casó con María Cezar, hija del proveedor de caña Francisco Berenguer de Andrade, también rico. Con estos atributos, fue aclamado "gobernador de la guerra de la libertad y restauración de Pernambuco", nombrando capitanes de milicias para muchas freguesias. Una de sus mayores preocupaciones era hacer llegar a la Corte la información sobre su heroico papel en la lucha contra los holandeses, pero el foco de las preocupaciones del rey era otro.

IV - Sermón iluminista

Padre Vieira defiende el retorno de los judíos

En guerra contra España, D. João IV movía una delicada batalla diplomática ante otras cortes europeas en busca de su legitimación, teniendo al padre Antônio Vieira como consejero y embajador plenipotenciario. Al analizar la correlación de fuerzas, Vieira concluyó que la paz con Holanda era fundamental para el mantenimiento de la soberanía portuguesa, ya que el enfrentamiento contra una de las naciones más poderosas del mundo, en aquel momento, podría jugar Portugal, otra vez, en el cuello españoles. La recuperación de Pernambuco además estaba entre sus prioridades, pero también proponía otras formas de atraer recursos a las arcas portuguesas.

Una de sus propuestas consistía en la abolición de la diferencia entre cristianos-nuevos y cristianos-viejos, lo que pondría un punto final en la persecución a los judíos y marranos en el país. En la evaluación del jesuita, esa sería la mejor manera de traer de vuelta el capital que huyó desde la llegada de la Inquisición con los famosos decomisos de bienes, aún practicados. Otra sugerencia altamente polémica lanzada por él fue la institución de un tributo para todas las clases sociales, incluyendo la nobleza, hasta entonces privilegiada, con la finalidad de equilibrar las finanzas del reino. Además de ser prontamente rechazadas, las propuestas generaron una ola de repudio a Vieira, no sólo entre los nobles, como también en el clero, sin escapar a los jesuitas. Los dominicos no lo perdonaron por la defensa de los judíos, lo que dejó la Inquisición eternamente próxima a su talón. Hijo de un escriba de la Corte, Vieira nació en Lisboa, en 1608, mudándose a Brasil, con el padre, en 1614, cuando inició sus estudios en el Colegio de los Jesuitas, en Salvador. Además de teología, estudió lógica, metafísica y matemáticas, pero ganó destaque, sobre todo, por los sermones. Conocido por los excepcionales dones de predicador, en

1641, siguió a Lisboa con la incumbencia de llevar la carta de adhesión de la colonia al nuevo régimen, encaminada por el entonces virrey de Brasil, el marqués de Montalvão. En los primeros contactos, el sacerdote conquistó la amistad y la confianza del rey, siendo nombrado predicador regio. De sus varias propuestas económicas, al menos la creación de una Compañía de Comercio, en el molde de las holandesas, fue puesta en práctica por el rey. Sin embargo, Vieira cometió un grave error al elaborar un documento llamado *Papel fuerte*, en el que proponía la compra de Pernambuco a los holandeses, provocando repulsa en el Consejo de Gobierno y revuelta en las clases populares. Es que, en aquella época, los insurrectos acababan de conquistar sus primeras victorias, haciendo crecer cierta euforia nacionalista. Considerada la "Jerusalén de los Trópicos", Recife pasaba por un período de adecuación a una nueva realidad, en la que la pólvora tenía más valor que el azúcar.

V - Auge y declive

Conflicto provoca fuga de mercaderes

Bajo la dominación holandesa, la población judía creció rápidamente concentrándose en Recife, en Paraíba, Rio Grande do Norte y, en menor escala, en Itamaracá y otras localidades. Para se tener una idea de esa evolución, Recife tenía apenas cerca de 130 casas en 1630, pasando a más de dos mil en 1639. La población estaba compuesta por personas de diversos orígenes, pero, en comparación a los demás habitantes, el número de judíos era tan expresivo que daba la impresión de que se trataba de una ciudad puramente judía.

Este crecimiento se debió a las promesas de libertad religiosa hechas por Holanda en el intento de poblar una colonia muchas veces mayor que la matriz en extensión territorial. Perseguidos en España, Portugal, Francia y Italia, los hebreos vislumbraron en Brasil una especie de Tierra de la Promesa, principalmente para los de Holanda. La caída de la administración de Nassau no interrumpió de inmediato ese crecimiento de la comunidad, que alcanzó el auge alrededor de 1645, cuando comienza una gradual declinación.

En el censo de los holandeses, entre octubre de 1644 y enero de 1646, el investigador Arnold Wiznitzer estima en 1.450 el número máximo de judíos en el período pico, cayendo gradualmente a cerca de 650, en 1654. El historiador Salomón Serebrenick, sin embargo, afirma que no se llegó a un número concluyente, "inclinándose la mayoría de los historiadores a la elevada cifra de 5.000". Sin embargo, el propio Serebrenick considera este número exagerado.

Para él, lo más prudente sería adoptar la cifra de 1.500 en el pico, considerando que los judíos representaban cerca del 50% de toda la población civil de Nova Holanda, estimada en cerca de tres mil almas. El historiador resalta que ese número en sí ya constituía un cuadro de extrema relevancia, teniendo en cuenta que la propia comunidad judía de Ámsterdam, en su pleno ayuntamiento, no era más numerosa.

Al entrar en el debate, el catedrático Ronaldo Vainfas afirma que "en una proyección del sentido de 1645, restringido a la población civil libre, es posible estimar que la población judía de Recife y de la Ciudad-Mauricio oscila entre 950 a mil individuos, distribuidos en cerca de 50% de hombres, 27% de mujeres y 23% de niños ". En otra línea, los investigadores Egon y Frieda Wolff estiman en sólo 300 el número de judíos, pero son contestados por el historiador José Antonio Gonsalves de Mello, para quien la comunidad llegó a tener cerca de 1.800 personas.

En la falta de un consenso, el investigador Daniel Oliveira Breda advierte que incluso los 300 judíos citados por la pareja Wolff ya representarían el 25% de la población civil de Recife en 1645. Breda resalta que, en la misma época, Ámsterdam tenía 140.000 habitantes y no más de dos mil judíos.

Abundando el aspecto cuantitativo, Serebrenick afirma que la continuidad migratoria fue un factor complementario, al considerar que la ininterrumpida entrada de judíos en el período holandés refrescaba el espíritu de grupo entre los que ya vivían allí. También destaca la superioridad cultural de los sefardíes como factor contracultural. "Y en el caso en foco, no cabe duda de que los judíos inmigrados, especialmente los oriundos de Holanda, eran elementos de expresión cultural bastante superior a la existente en Brasil en aquella época." Para el autor, las condiciones presentadas permitieron una evolución de la vida social de los judíos en Pernambuco, hasta asumir la forma de una colectividad organizada.

En torno a Zur Israel, los judíos mantuvieron sus tradiciones, cuya defensa se volvió aún más necesaria cuando la rebelión contra los holandeses asumió el estatus de guerra religiosa.

VI - Batalla de los milagros

La Virgen aparece para ayudar a católicos

La atmósfera mística entró en el campo de una vez a partir de la Batalla del Monte das Tabocas, ocurrida el 3 de agosto de 1645, cuando se registra la aparición de una santa, trayendo en brazos a un niño, a distribuir armas y munición a los católicos, ayudada por "un viejo venerando vestido de blanco". El episodio es narrado por el cronista Diogo Lopes Santiago, autor de *Historia de la guerra de Pernambuco*, al añadir que los propios holandeses se encargaron de esparcir el milagro. De acuerdo con el cronista, se trataba de la Virgen María, acompañada de Santo Antão, reconocido en la mitología católica como asceta del desierto de Egipto, inmerso en penitencia, oración y silencio. Nacido en 251, de familia noble, Antão ganó posición de santo al intercambiar la riqueza por el sacrificio, ofreciendo consejos y ayuda a los afligidos.

La misma línea es seguida por el también cronista Frei Manuel Calado al afirmar que los insurgentes ya estaban a punto de desfallecer ante la fuerza enemiga cuando surgió el jesuita Manuel de Moraes entonando oraciones teniendo una imagen de Cristo crucificado. De acuerdo con Calado, el sacerdote hizo una charla pidiendo a Jesús que "no permitiría que los enemigos de su santa fe, que tantos agravios le habían hecho, profanando sus templos y despedazando las sagradas imágenes de los santos, triunfáis sobre el pueblo católico". La petición fue reforzada con la promesa de que, a cambio de la victoria, los católicos harían "disciplinas, ayunos, romerías y limosnas". A la misma hora, el comandante João Fernandes Vieira prometió construir una iglesia en el lugar para Nuestra Señora de Nazaret, y otra para Nuestra Señora del Destierro.

Las tropas locales contaban sólo con 1.200 hombres, cerca de 200 armas de fuego, además de cuchillos, lanzas y espetos de palo tostado. En el lado

opuesto, los bátavos, comandados por el coronel Hendrick Van Haus, suma-
ban 1.900 soldados profesionales y tenían todavía el auxilio de un escuadrón
de indios Tapuias. Sin embargo, los brasileños sorprendieron al enemigo con
tácticas de guerrillas, obteniendo la primera victoria.

VII – Un cura apasionado

Jesuita se adhiere al calvinismo por amor

H éroe de la batalla del Monte de las Tabocas, el jesuita Manuel de Moraes
tuvo una trayectoria marcada por la controversia, llegando a ser considerado un doble traidor. En el inicio de la invasión holandesa, integró las
fuerzas de resistencia como comandante de las milicias indígenas, pero, en
cierto modo, cambió de lado al saber que el puesto fuera ocupado por su
ex-alumno, el indio Felipe Camerún.

Los calvinistas inmediatamente transformaron al sacerdote en propa-
gandista de la Iglesia Reformada, con derecho a un curso en los Países Bajos
para perfeccionar los conocimientos teológicos. En Holanda, Moraes se casó
con una calvinista y se reveló un predicador elocuente, al atraer grandes
audiencias a sus charlas. Después de la muerte temprana de su esposa, el ex
sacerdote va a Leiden, en 1640, y se matricula en la universidad, uno de los
mayores centros del saber en Europa. En esa ciudad, se casa por segunda vez,
ahora con la joven Anna Smits, considerada una de las mujeres más bellas
de la sociedad local. En crisis en el matrimonio, se muda solo a Ámsterdam,
donde tiene un encuentro secreto con el representante del Papa en los Países Bajos y pide absolución por haber traicionado la fe católica.

De regreso a Brasil, Manuel de Moraes es repudiado por holandeses y
brasileños, pero recibe el perdón de João Fernandes Vieira, pasando a acompañar a las tropas en los campos de batalla, como una especie de capellán.
Después de la victoria en el Monte de las Tabocas, arriba citada, fue enviado
a Lisboa con la misión de narrar a D. João IV los hechos obtenidos. A pesar
del acercamiento con el rey, fue arrestado por la Inquisición, pero escapó
milagrosamente al alegar que ya había obtenido el perdón del Papa por la

apostasía. En el mismo período, la Inquisición arrestó a un grupo de soldados judíos, que tuvieron suerte diferente en comparación al jesuita.

VIII - Treguas y tinieblas

Rebeldes entregan judíos a la Inquisición

L as primeras victorias brasileñas dejaron la Inquisición asustada, aunque al atropello de la tregua firmada entre Portugal y Holanda, como ocurrió en la toma del Fuerte Mauricio, cerca de la desembocadura del rio São Francisco, en septiembre de 1645. En la ocasión, los rebeldes hicieron 100 prisioneros, pero seleccionaron a diez judíos para dar de regalo al obispo de Bahía, Don Pedro da Silva, el mismo que cuidó del caso Isaac Tartas.

El religioso no prestó atención a la tregua, que preveía un trato digno para los súbditos de Holanda, independientemente de la confesión religiosa o la nacionalidad. En su celo, también atropelló las convenciones internacionales, al encarcelar a un judío polaco y tres alemanes, ya que la Inquisición no tenía poderes en sus países de origen. Los otros seis fueron identificados como Isaac de Carvalho, Abraham Mendes, Samuel Israel, Samuel Velho, David Shalom y Abraham Bueno, que hablaban correctamente el portugués y serían sometidos a interrogatorio sobre la vida de los judíos en Pernambuco.

Después de tres meses de investigación, los prisioneros fueron enviados a Lisboa, pero la comunidad de Recife pidió a los Estados Generales que negociaran una solución junto al rey de Portugal. En un documento encaminado a la embajada portuguesa en La Haya y a D. João IV, Holanda exigía la liberación de los judíos, en obediencia a los acuerdos firmados, pero el Santo Oficio despreció el llamamiento.

Juan entró en el campo pero no pudo hacer nada. Al mismo tiempo que empezaba su palabra ante las autoridades bátavas, temía despertar la furia de los dominicos y del Vaticano, que aún no había mandado un embajador a Lisboa tras su posesión.

Al final de la investigación, sólo los judíos Abraham Mendes, Samuel Velho y Abraham Bueno fueron sometidos al proceso por herejía y condenados al decomiso de bienes, cárcel y uso del hábito penitencial. Los otros fueron liberados al reconocer a Jesucristo como único salvador, después de sesiones de tortura. D. Juan IV descubrió que la monarquía tenía que doblarse ante una institución que su tatarabuelo había luchado para crear.

En Recife, el avance de la revuelta modificaba la geografía humana y política.

IX - Pacto de lealtad

La comunidad mantiene fidelidad a Holanda

En la medida que la guerra avanzaba, los judíos pasaron a ser objeto de persecución en todos los dominios del Brasil Holandés, en algunos casos con ejecución sumaria. Por precaución, el Consejo de Ámsterdam obtuvo de los Estados miembros el documento denominado *Patente Honrosa*, garantizando a todos el mismo trato reservado a los holandeses en caso de rendición. A pesar del cuadro desesperado, la comunidad despreció la hipótesis de conciliación ofrecida por los líderes rebeldes.

Para Salomón Serebrenick, no había en ello signo de deslealtad o ingratitud en relación a Brasil, que en la época aún no existía como nación independiente. Según el autor de *Breve historia de los judíos en Brasil*, lo que estaba en juego era la elección entre dos tendencias opuestas: por un lado, las amenazas de la inquisición portuguesa; de otro, la tolerancia religiosa de Holanda. Los judíos ayudaron a los holandeses a conquistar el Nordeste y ahora permanecían a su lado, en el momento de la adversidad. El movimiento de retorno a Europa y hacia las Antillas redujo la población hebrea, pero los remanentes acompañaron el conflicto hasta el último instante.

Autor del clásico *El dominio colonial holandés en Brasil*, Hermann Wätjen señala que era visible el interés de los insurgentes por los judíos más ricos, lo que llevó a algunos de ellos a pasar al lado contrario a cambio de protección. Sin embargo, los más pobres, que buscaban el mismo camino, eran tratados como prisioneros y tenían que pagar pesado rescate por la libertad, de lo contrario serían fusilados o entregados a la Inquisición. Según

Wätjen, los miembros del Alto Consejo escribieron una carta al comandante André Vidal de Negreiros en que afirmaban no entender por qué los judíos encarcelados eran martirizados de manera brutal. "¿Son criaturas diferentes de las demás?", indagaban.

El trato dado por los holandeses también cambió en comparación al período anterior a la insurrección, cuando los judíos estaban exentos de la guardia cívica los sábados. La regalía fue cazada en junio de 1645, pero después, un nuevo orden determinaba que los soldados entrasen en prontitud permanente hasta el final de la guerra. La rutina de la colonia estaba definitivamente cambiada.

X - Recife sitiada

Cerco de la ciudad inspira el primer poema en hebreo de las Américas

La Batalla del Monte de las Tabocas abrió el camino para una sucesión de victorias de los pernambucanos, diluyendo lo que quedaba de la reverencia ante los holandeses. El golpe decisivo vino luego con la victoria en la Batalla de la Casa Fuerte, el 17 de agosto de 1645, citada por Lopes Santiago como otro milagro en beneficio de las tropas locales. En la lluvia pesada, los rebeldes atacaron a los enemigos en el ingenio Casa Fuerte, cerca de Recife, donde los holandeses simularon una rendición, pero volvieron a disparar y mataron al oficial encargado de la negociación. Enfurecidos con el golpe traicionero, los rebeldes prendieron fuego a la casa y reiniciaron la lucha.

De acuerdo con Santiago, en medio del humo, surgió una imagen de la Virgen María transpirando sudor, lo que llevó a los soldados enemigos a perder la fuerza y entregar las armas. Al proponer la rendición, el comandante holandés, coronel Henrique Hous, improvisó una bandera blanca en el cañón de una pistola y se entregó con toda la tropa.

Después de la Casa Fuerte, cayeron reductos estratégicos, como el Cabo de San Agustín y Sirinhaém, donde los rebeldes hicieron un bloqueo para impedir la llegada de suministros a la capital. Los holandeses atacaban las villas y haciendas en desesperación, pero encontraban resistencia, como en la Batalla de Tejucupapo, en Goiana, de donde fueron expulsados por mujeres armadas de azadas y hoces.

Los comerciantes fueron obligados a ceder todo el surtido de mercancías para que se le diera una ración mínima a cada ciudadano o soldado, pero la escasez continuó. Según el holandés Johan Nieuhof, que estuvo en Recife entre 1640 y 1649 al servicio de la WIC, el hambre se extendió de tal manera que en poco tiempo hasta los animales domésticos, como los gatos y los perros, pasaron a ser consumidos como "finos aperitivos". En el libro *Memorable viaje marítimo y terrestre a Brasil*, Nieuhof narra escenas observadas en las calles en que se veían "negros desenterrando huesos de caballo, ya medio podridos, para devorarlos con increíble avidez".

En la calle de los judíos, ese momento de privación fue registrado por el rabino Isaac Aboab de Fonseca en el poema épico Mi Kamókha (¿Quién como Tú?), considerada la primera obra literaria en hebreo de las Américas. Aboab expone su revuelta contra João Fernandes Vieira, que es tratado como "un hombre sin corazón, un sádico y embustero de madre negra". El texto clama contra los horrores del hambre, que, según el rabino, reducía el cuerpo a la carne y los huesos. "El pan era pesado y racionado. Mi pueblo se acostumbró a sustituir el pan por el pescado, hasta cuando los intestinos se resintiesen".

Nieuhof retrata un cuadro cercano al Apocalipisis al afirmar que la miseria llegó a tal punto que "todos los caballos, gatos, perros y ratas habían sido devorados". Sólo entonces surgieron en el horizonte, como ilusión, dos barcos con el pabellón del Príncipe de Orange, a todo tramo, hacia el Recife. Eran los barcos holandeses Falcón (Volk) y Elizabeth, que traían soldados y alimentos.

La euforia fue tanta que el Alto Comando mandó acuñar dos medallas dedicadas a los capitanes de los dos barcos, con la leyenda "El Falcón y el Elizabeth salvaron a Recife". El rabino Aboab también expresa su emoción en los versos del Mi Kamókha, en reconocimiento por la gracia alcanzada, en estilo bíblico: "Grave todo esto y vosotros recordados, mis congregados, que en aquel día se manifestó el favor de Dios".

XI - Unión en el conflicto

La comunidad refunde los estatutos y se fortalece

Como un templo erguido en bases sólidas, la comunidad de Recife soportó los años de guerra sin perder la unidad, a pesar de las divergencias internas. En ese período, el rabino Isaac Aboab intentó convencer a los líderes de la sinagoga Magham Abraham a firmar un término de subordinación a Zur Israel, pero ellos rechazaron la propuesta. Aboab argumentaba que cuando la Maghem Abraham fue creada, en 1637, en la Isla Antônio Vaz, aún no existía un puente que ligaba a Mauricio al istmo, además de que la comunidad estaba en expansión.

El rabino recurrió a las autoridades judiciales holandesas, que dieron ganas de causa a la sinagoga de Recife, pero Maghem Abraham apeló a la Talmud Torá, de Ámsterdam, que criticó la disputa fraterna, principalmente el recurso a la justicia común para resolver una cuestión estrictamente judía. Los sabios exigieron la reconciliación, bajo la amenaza de cortar la ayuda financiera dada por la comunidad holandesa a los judíos de Pernambuco. La advertencia llegó con retraso, ya que los términos de la unificación ya habían sido acertados a finales de 1648, aunque sólo se aplicaron a partir de 1649.

La organización de los judíos en Recife siguió el modelo adoptado en Ámsterdam, basado en la tradición ibérica, según la cual las comunidades eran autónomas en sus decisiones, pero sometidas a un gobierno central. Investigador del período holandés, el rabino David Weitman afirma que la comunidad pernambucana fue organizada sobre tres pilares básicos: las instituciones educativas para el estudio de la Torah; las sinagogas; y las entidades de ayuda a los necesitados, huérfanos y enfermos. Como en las demás comunidades, el comando cabía a un Consejo, o Mahamad, compuesto por cuatro consejeros y un tesorero. El mandato tenía un año de duración, con sistema rotativo, permitiendo que cada semestre dos o tres miembros fueran sustituidos por otros elegidos. Los miembros no podrían asumir nuevos mandatos consecutivamente, sometiéndose a un intervalo de un año entre una gestión y otra. Los candidatos a miembro debían residir en la colonia, ser judíos practicantes y circuncidados con al menos un año de antelación.

XII - Judíos desgarrados

Las reglas ortodoxas dificultaron la inclusión de cristianos-nuevos

Los conversos que llegaron a Brasil antes de los holandeses no desempeñaron papel de relevancia en la jerarquía de la comunidad, como muestra la documentación de la Zur Israel relativa al período entre 1648 y 1653. Según el investigador Ronaldo Vainfas, todos los directores con status bajo el rabino eran judíos portugueses, generalmente con paso por Holanda, pero eso no era por discriminación.

Por práctica, la barrera venía de la dificultad encontrada por los cristianos-nuevos en entender, asimilar y adaptarse al reglamento de la Congregación, con sus 612 preceptos. Al lado de las obligaciones, sin embargo, los judíos disponían de autonomía para organizar sus propias sinagogas y cementerios, cobrar tributos y administrar cuestiones de la justicia por medio de tribunales rabínicos. Además del trabajo voluntario, habían también los oficiantes remunerados, como el rabino, el juez, el cantante litúrgico y el profesor.

También se decidió que los marranos tendrían que esperar al menos un año antes de solicitar la dirección, lo que facilitaba la integración de nuevos miembros, a diferencia de lo que ocurría en Holanda, donde el plazo era de tres años. Entre otras atribuciones, la dirección de la Congregación tenía la función de nombrar el cuerpo directivo de la administración del cementerio judío y los directores de las escuelas judías, denominadas Talmud Torá y Etz Haim.

Es importante subrayar que no existe equivalencia directa entre el judío practicante, habituado al día a día de la sinagoga, y el cristiano-nuevo, desde muy lejos en la religión. Según la historiadora Anita Novinsky, en la época colonial, la mayoría de los cristianos-nuevos residentes en Brasil se caracterizaba más por la incredulidad que por demostración auténtica de fe. Para ella, emerge del comportamiento, de las palabras y de sus acciones de los marranos "un escepticismo que muestra que (ellos) poco se importa con el mundo del más allá, con la salvación o la redención divina". Autora de un estudio clásico en el que define al cristiano-nuevo como un ser dividido, afirma que los marranos buscaban respuestas totalmente diferentes a las que habían recibido de sus antiguos maestros ortodoxos. El tema es complejo y inagotable, pero volveremos a hablar sobre él en el capítulo LXXV, al tratar de la excomunión de Espinoza, en Ámsterdam.

Por el momento, nos quedamos en la comunidad de Pernambuco, cuyo gran desafío fue mantener toda su estructura en funcionamiento durante la guerra, cuando ya no existían perspectivas de permanencia.

XIII - Las últimas batallas

Indisciplina marca caída bátava

C omo un gavilán sin garras, los holandeses alimentaban la presunción de superioridad, incluso después de llevar sucesivos tomos. Mientras tanto, los rebeldes fueron construyendo fortalezas en torno a Recife, además de instalar cañones de largo alcance en puntos estratégicos. Nieuhof describe un ataque a principios de 1648 que obligó a la población a esconderse hasta en tumbas "para evitar la furia del cañón enemigo". "Él mismo dice haber atestiguado el drama de una joven que tuvo ambas piernas decepcionadas por una bala de cañón", al visitar a una amiga recién casada, que cayó baleada. En otra ocasión, dos personas fueron golpeadas durante una conversación en la calle, mientras que una tercera tuvo las manos alcanzadas en el momento en que encendía la pipa. El horror ocupaba la ciudad.

En Portugal, el rey D. João IV suspendió las negociaciones diplomáticas con los holandeses y envió a Brasil al experimentado general Francisco Barreto de Menezes para asumir el control de las operaciones. Acorralados, los invasores todavía hicieron dos intentos para recuperar sus posiciones, pero los resultados fueron desastrosos. Una de ellas fue conocida como la Primera Batalla de los Guararapes, el 19 de abril de 1648, aún sin la presencia de Barreto de Menezes. Según el relato de Diogo Lopes Santiago, los pernambucanos se valían de las tácticas de guerrilla para compensar la desventaja numérica. En la evaluación de los historiadores, el ejército holandés tenía, en la ocasión, entre 4.500 y 5.000 hombres, mientras que la tropa brasileña no iba más allá de 2.500. De acuerdo con registros de la época, los holandeses salieron de Recife al sonido de gritos y fanfarrias a fin de minar la moral de los oponentes, obedeciendo a las orientaciones del comandante, coronel Von Schkoppe. A pesar de todo ese aparato, un día después, se encontraron con las escaramuzas nativas y fueron atraídos hacia una gran emboscada, exprimidos entre manglares y montones de la región. Se estima que han registrado más de 500 muertos y cerca de mil heridos, entre ellos el propio Von Schkoppe, alcanzado en el tobillo. En el lado brasileño, las bajas fueron estimadas en cerca de 80 muertos y 400 heridos. Los bátavos marcharon nuevamente hacia el Monte Guararapes, el 17 de febrero de 1649, sin garras y ya con el pico dañado, pero aún arrogantes. Sólo que esta vez el comando había sido entregado al general Barreto de Menezes, que hizo una oración antes de entrar en la lucha y prometió construir en el lugar una capilla para la Virgen. El resultado fue desastroso para los holandeses, que perdieron mil hombres en combate, además de cientos de heridos. En el lado brasileño, las bajas quedaron en torno a 40 muertos y unos 200 heridos.

XIV - La rendición

General garantiza protección a los judíos

A fines de 1653, los brasileños hicieron un bloqueo marítimo en el puerto de Recife, seguido de un ataque terrestre, dejando a los holandeses acorralados. A principios de 1654, la ciudad era el retrato del caos y de la indisciplina, con los soldados tirados en las calzadas, cuando no entregados a saqueos y pillages, cuyos principales blancos eran los comerciantes judíos. Ante este cuadro, la Zur Israel reunió al Consejo de los Ancianos, que decidió aconsejar a las autoridades civiles y militares holandesas a la firma de un acuerdo.

Con fecha de 26 de enero de 1654, la llamada Capitulación de la Campina de la Taberna fijó las condiciones por las cuales los miembros del Consejo Supremo pasaron a Barreto de Menezes a Ciudad-Mauricio, Recife y todas las jurisdicciones ocupadas, así como los despojos de guerra, constituidos por 294 piezas de artillería, cerca de 5.200 fusiles, espadas, lanzas, pistolas y municiones. En esa misma fecha, Menezes mandó construir una iglesia en homenaje a Nuestra Señora de los Placeres, en lo alto del monte, en cumplimiento a la promesa.

Uno de los términos del acuerdo concedía perdón a todos los vencidos, independientemente de su nacionalidad o religión, "aunque éstos fueron rebeldes a la Corona de Portugal", así como a los judíos de Recife y de la Ciudad-Mauricio. También era concedida "a los vasallos y demás personas bajo la obediencia de los señores Estados Generales", la posesión de los bienes muebles de su propiedad. Los brasileños estaban terminantemente prohibidos de molestar a los holandeses y judíos, que deberían ser tratados "con mucho respeto y cortesía". Los vencidos tenían el plazo de tres meses para que pudieran liquidar sus negocios y proporcionar los detalles del viaje, con libertad para comprar los víveres necesarios.

Con la derrota en la llamada Guerra de la Libertad Divina, las edificaciones holandesas fueron ocupadas, pero el botín ya no era tan atractivo. Tanto el Palacio de Friburgo, como el Palacio de Boa Vista fueron destrozados durante los años de guerra, poco restando de la herencia arquitectónica de la Ciudad-Mauricio. Sin embargo, quedaron algunas construcciones simbólicas, como el Fuerte de las Cinco Puntas, edificado en 1630 por el comandante Teodoro Weerdemburgh por determinación del Príncipe de Orange, Frederik Hendrik. Si la situación no era buena para los holandeses, para la comunidad judía era aún peor.

Las casas de los judíos pasaron a manos de los insurgentes, así como los terrenos donde fueron construidas. Todas las construcciones fueron confiscadas, entre ellas la Sinagoga Zur Israel, donada al maestro de campo João Fernandes Vieira, a quien Aboab llamó "arrogante, perverso y escarnecedor" en su poema. Sin embargo, Vieira repasó el inmueble a los padres oratorianos, que destruyeron a mikvah y cambiaron el nombre de la calle de los judíos a la calle de la cruz, como forma de exorcizar la memoria israelí.

Presionados por el tiempo, los líderes de la comunidad pidieron a Barreto de Menezes algunos días más en el plazo dado para la liquidación de los negocios, principalmente para los cristianos-nuevos. En un documento de 7 de abril de 1654, sin embargo, el general asegura que después de tres meses los extranjeros tendrían el mismo trato honroso "hasta entonces recibido, pero los judíos anteriormente bautizados en la fe católica serían entregados a la Inquisición, ante la cual no tengo el menor poder".

Sin embargo, el tratamiento dispensado a la comunidad de Recife fue considerado ejemplar por el historiador Charles Boxer, al recordar que, en la época, Portugal ni siquiera admitía la presencia de judíos en sus territorios. También el cronista Saul Levy Mortera afirma que Barreto de Menezes adoptó una postura inédita en el siglo XVII, "cuando los portugueses eran enemigos por naturaleza del nombre judío, en particular de aquellos que fueron forzados a convertirse al cristianismo". Mortera recuerda, además, que el militar no sólo accedió a que los judíos liquidaran sus mercancías, sino que también honró el compromiso de suministrar embarcaciones para que dejasen el país.

El general mandó hacer una relación con el nombre de todos los judíos de Recife, pero ya no existen vestigios de ese documento. Se sabe, sin embargo, que sólo la milicia judía tenía un contingente de aproximadamente 350 judíos en 1645.

Como que pisando en brasas, los judíos trataron de embarcar, seguros de que la Inquisición no debía obedecer al gobierno local. Para Arnold Wiznitzer, no obstante, no hubo prisiones en masa o caza a las brujas al final de la Insurrección Pernambucana, ni siquiera después de vencido el plazo. El etnólogo y historiador Luiz da Câmara Cascudo defiende la tesis de que los judíos más pobres se mezclaron a la población y se quedaron en Brasil trabajando en el comercio, al lado de los portugueses, a los que estaban integrados. Otros tantos partieron hacia el interior del Nordeste, en las quebradas del sertón, disfrazando el origen, lo que hacían con destreza desde 1500.

XV - El impacto de una caída

Los héroes se transforman en villanos

D espués de la expulsión de Pernambuco, Holanda hizo malabarismos para recuperar el terreno perdido, ensayando hasta un acuerdo con los archienemigos españoles, pero los resultados fueron inocuos. Sin embargo, España reconoció el derecho de permanencia de los bátavos en Brasil, como quien hace mesura con sombrero ajeno, pues ya no mandaba en los reductos portugueses desde 1640.

La pérdida de la colonia causó conmoción en Holanda, herida en su orgullo al ver las tropas golpeadas por un ejército de sacerdotes, negros y indios, armados de arco y flecha. En busca de un chivo expiatorio, el clamor popular se volvió contra el coronel Von Schkoppe, que de un día para otro pasó de héroe a bandido.

Es importante recordar que al inicio de la invasión holandesa Schkoppe llegó a ser idolatrado, después de liderar la conquista de la Isla de Itamaracá, después de asumir el mando de las fuerzas terrestres en Brasil. Su prestigio creció aún más después que combatió personalmente los últimos focos de resistencia, en Porto Calvo, en Alagoas, así como en Cabedelo, en Paraíba, puntos estratégicos para la consolidación del proyecto de la WIC.

Cubierto de gloria, él estaba en Europa en 1645, cuando fue escalado para volver a Nueva Holanda, con la misión de detener la Insurrección Pernambucana. Sólo que esta vez cosechó una secuencia de fracasos militares. Aunque los propios enemigos testificaron su valentía en combate, el sacrificio no mitigó la furia de la masa, que exigió su prisión por lo que ocurrió en Pernambuco. Económicamente, sin embargo, Holanda no se daría tan mal.

En respuesta a la humillación sufrida, las tropas bátavas bloquearon el puerto de Lisboa para exigir una indemnización o la devolución del territorio brasileño. La respuesta sólo vendría 15 años después, con la firma de un acuerdo en 1669, en el que Portugal se comprometía a pagar cuatro millones de cruzados en 16 años, además de una contrapartida en azúcar, humo y sal. El desenlace de esta negociación es retratado por el historiador Evaldo Cabral de Melo en el libro El Negocio de Brasil. Se acordó que, en caso de castigo, los Estados Generales estarían libres para exigir a Pernambuco de vuelta, sin obligación de restituir las parcelas ya desembolsadas, pero no fue necesario llegar a tanto.

Para los judíos, el período posterior a la expulsión también exigió habilidad para negociar indemnizaciones, pero las posibilidades de éxito eran pequeñas

QUINTA PARTE

ALBA AMERICANA

"El azar no es otra cosa que la causa
ignorada de un efecto desconocido".
Voltaire (1694-1778)

I - Jornada enigmática

Los barcos zarpan cargados de temor y esperanza

Conforme combinado, Barreto de Menezes colocó 16 buques a disposición de los judíos, basado en la estimación de que el éxodo alcanzaba a unas 600 personas, o 150 familias. La mayoría seguía para Holanda o para la región del Caribe, con permiso para llevar todos los bienes muebles, dinero y mercancías, como cajas de azúcar y leños de palo brasil.

A finales de abril de 1654, tres grupos dejaron el Recife en tres embarcaciones diferentes, siguiendo una para las colonias holandesas caribeñas, otra para Ámsterdam, y la tercera tendría el mismo destino si no hubiera sufrido una intervención del azar. Una ráfaga de vientos fuertes desvió el barco hacia Martinica, donde el capitán holandés Jan Craeck hizo una parada técnica. Al reanudar el viaje, sin embargo, el grupo fue atacado por piratas españoles, que saquearon el barco y lo llevaron a pique. Cuando todo parecía perdido, los refugiados fueron salvos por la fragata francesa Santa Catarina, comandada por Jacques La Motte, pero los tormentos aún estaban lejos del fin.

La Motte siguió a Jamaica, donde haría el reaprovisionamiento de provisiones y negociaría las condiciones del viaje con los pasajeros, sólo que una vez más la imprevisibilidad dejaba su marca. Ocurre que, al desembarcar, los judíos fueron detenidos por la Inquisición, ya que la isla pertenecía a España. Después de una rápida selección, los cristianos-nuevos continuaron presos, mientras los demás eran liberados, incluyendo los sefarditas pernambucanos y un grupo de calvinistas, liderados por el pastor Dominus Johannes Polhemius. Jacques La Motte se apresuró a partir cuanto antes.

Al llegar al Cabo de Santo António, cerca de Cuba, el francés fijó en 2.500 guilderes el precio del viaje, comprometiéndose a llevar al grupo hasta la colonia holandesa de Nueva Ámsterdam, en América del Norte, donde todos estarían a salvo, afirmó. Aunque estaban a merced del comandante, los judíos se quejaron del alto precio cobrado, en contraste con las pésimas condiciones ofrecidas durante el viaje. Santa Catarina, sin embargo, no era una excepción en materia de hospitalidad en el contexto de la época.

II - Pesadillas a la deriva

Las amenazas van más allá de los ataques piratas

La Inquisición, las tempestades y los naufragios eran algunos de los obstáculos al frente de los exiliados, que además enfrentaban las adversidades propias de los viajes marítimos del siglo XVII. Especialista en el asunto, el historiador John Hale, afirma que los barcos generalmente abrigaban una mezcla de mercaderes fallidos, mercenarios y aventureros, que nada tenían que perder. En general, el ambiente interno en las embarcaciones se caracterizaba por la promiscuidad, con acomodaciones extremadamente precarias, en razón de la proliferación de ratas, insectos y gusanos, sin hablar del descuido de la tripulación en términos de higiene. Para agravar, eran constantes los brotes de escorbuto y peste bubónica y las epidemias de piojos. Al menos de estos últimos los refugiados brasileños no escaparon, de acuerdo con el histórico del viaje.

Así como en otras embarcaciones comerciales, los suministros corrían riesgo de deterioro acelerado, pues, pocos días después de la partida, la comida era atacada por bichos, y los barriles de vino o de agua comenzaban a vaciarse debido a la fricción generada por el vaivén del buque. Los alimentos considerados buenos para el consumo se agotaban en pocos días, quedando sólo productos indigestos, transformados en una masa viscosa. Sin provisión de agua potable, los marineros quedaban en la dependencia de las lluvias para conseguir una gota perdida para matar la sed.

Estas precarias condiciones de transporte también fueron descritas con detalles por Ambrosio Richshoffer en el ya citado diario de un soldado de la Compañía de las Indias Occidentales, en el que retrata los bastidores de la escuadra holandesa. Richshoffer tenía 18 años y soportó bien la prueba, pero cuenta que el 12% de los ocupantes del buque en que viajaba murieron de escorbuto o disentería. Los 23 judíos expulsados de Recife estaban expuestos a amenazas similares hasta llegar a su destino.

III - Una metáfora del destino

Nueva Ámsterdam descortina horizonte iluminado

D espués de seis meses de tormentas, naufragios y persecuciones, el 7 de septiembre de 1654, el grupo desembarcó en la colonia holandesa situada en el estuario del río Hudson, en las vísperas del Año Nuevo judío. La fecha se considera un marco en la colonización judía en los Estados Unidos, así como en la fundación de la comunidad de Nueva York, aunque los sefarditas no fueron los primeros en llegar. Algunos días antes, habían desembarcado los asquenazitas Jacob Barsimson y Pietersen Solomon, que fueron a recibir a los brasileños en el muelle.

En el calor de la llegada, el escenario contrastaba con el movimiento de Recife en los tiempos de Nassau, antes de la guerra que expulsó a los holandeses. En vez de la agitación de uno de los polos comerciales más concurridos del Nuevo Mundo y de las fachadas coloridas de los sobrantes, los refugiados se tenían delante de una pequeña villa, cuyo centro estaba formado por apenas media docena de tiendas y cerca de 20 casas de madera.

En el puerto estaban algunos barcos atracados, un galpón donde se fabricaban velas para embarcaciones, una iglesia, ligada por los fondos a la casa parroquial, una panadería y el cuartel de la milicia, además de un granero en Pearl Street. No faltaban los hombres de revólver en la cintura, además de cerdos, vacas, perros, gallos y gallinas mezclados al pueblo en la calle principal.

De acuerdo con un relato del jesuita francés Isaac Jogues, la variada composición cultural daba a Nueva Ámsterdam el porte de una pequeña Babel, en la que se hablaban al menos 18 lenguas diferentes, en la interacción diaria entre inmigrantes alemanes, franceses, ingleses, escoceses, suecos y holandeses, sin contar los brasileños recién llegados y los esclavos africanos. De acuerdo con el sacerdote, alrededor de 1646, la población local giraba alrededor de 600 habitantes.

Personaje típico de su época, Jogues fue probablemente el primer misionero católico a visitar la isla de Manhattan. Preso por los indios a 40 millas de la actual ciudad de Albany, él tuvo los dedos cortados, pero huyó de la cárcel gracias a la ayuda de comerciantes holandeses, que lo llevaron a un refugio en Nueva Ámsterdam.

No obstante, el mejor retrato de la colonia, desde su origen, fue trazado por Russell Shorto en *La isla en el centro del mundo*. Aunque no se detenga sobre la historia de los judíos, el libro reconstruye de forma brillante la formación de la colonia holandesa y sus principales personajes, como el explorador Henry Hudson, el director general de Nueva Holanda, Willem Kieft, y el abogado Adriaen van der Donck , figura central del relato.

Formado por la universidad de Leiden, Van der Donck defendía principios civilizadores en oposición a la truculencia de Kieft, en permanente litigio con los indios y los colonos locales. Con su habilidad retórica, Van der Donck llamó a la WIC a instalar un gobierno moderno en Nueva Ámsterdam, en estilo holandés, pero sólo en 1645, la Compañía quitó a Kieft, citando el terrible daño causado al comercio por la guerra contra los indios. Su puesto sería ocupado por Peter Stuyvesant, un director general más fuerte, cuya tarea sería conciliar la divergencia con los colonos y negociar con los nativos, , a empezar por la posesión de vastas propiedades territoriales. En el segundo paso de la escala, venía el comerciante burgués, generalmente dueño de los buques destinados al comercio con Europa (donde llevaban pieles y ron) y con África (de donde traían esclavos y marfil). También los pequeños comerciantes, más dedicados al comercio al por menor, seguidos de la masa de la población, en la que se encuadran artesanos, obreros, soldados y agentes comerciales. Ese era el ambiente que aguardaba a los judíos después de la diáspora brasileña.

IV - El nuevo desafío

Los miembros del grupo son presos por deudas

Como si no bastara el desgaste físico y psicológico, los refugiados ya no tenían bienes o dinero ni siquiera para cubrir los costos del viaje, presupuestados en 2.500 guilderes, como acertado antes. La primera solución encontrada fue hacer una recolección, que recaudó sólo 850 guilderes. Después de una secuencia de fricciones con Jacques La Motte, los judíos prometieron pedir ayuda financiera a Ámsterdam, sólo que, antes, la Justicia obligó a las familias a vender los muebles en subasta. Como el dinero no cubría las deudas, el tribunal decretó la detención de dos miembros del grupo, David Israel y Moses Lombroso.

Sensibilizados con la situación de esas familias, los marineros de Santa Catarina hicieron un acuerdo separado para aguardar el dinero que llegaría de Holanda, a pesar de la intransigencia de La Motte. El gesto suspendía el impase, al menos temporalmente, pero surgieron otros problemas en la secuencia, como si fuera una prueba de resistencia colectiva.

V - Amenaza de expulsión

El gobernador desentierra los prejuicios medievales

Las primeras relaciones con las autoridades locales dejaron claro que todavía existían toneladas de obstáculos a remover. En una carta enviada a la dirección de la Compañía de las Indias Occidentales, el arrogante Peter Stuyvesant pedía la expulsión de los judíos, con el argumento de que ellos practicaban una "religión abominable" y que su simple presencia en la isla era una amenaza a los valores cristianos. Sin pudor o sensibilidad, llamaba la atención sobre el "estado miserable" en que el grupo se encontraba, con la alegación bizarra de que la pobreza aparente de ellos podría manchar la vocación aristocrática de la colectividad.

Sin embargo, pesaban a favor de los judíos la fidelidad demostrada durante la guerra de Pernambuco y la alianza histórica con Holanda. Además de la fuerte presencia en la economía del país, la comunidad prestó servicios durante la expansión del comercio internacional, en especial en los contactos bilaterales con España, Portugal, Inglaterra y Francia. En realidad, esa afinidad recíproca venía desde la época de Guillermo, El Taciturno, cuando comenzó la lucha contra España, al mismo tiempo que llevas de judíos ingresaron en los Países Bajos. Con ese histórico, fue encaminada una petición a la WIC mostrando que sería un absurdo tratarlos como enemigos, incluso porque había judíos entre los accionistas de la compañía. Peter Stuyvesant, sin embargo, gozaba de alto prestigio y tenía señal verde para todas sus deliberaciones como administrador. Sólo que esta vez el escrito fue diferente.

A principios de 1655, Stuyvesant recibió una notificación de las autoridades de Ámsterdam estableciendo que los judíos estaban autorizados a quedarse en la isla, así como a dedicarse al comercio. Se trataba, sin embargo, de una victoria parcial, ya que había todavía una serie de restricciones que sólo se eliminaron a costa de mucha lucha.

En 1655, los jóvenes judíos lograron en la justicia el derecho de integraren la Guardia Colonial, a pesar de la atención cerrada del gobernador. La acción fue encabezada por Asser Levy, uno de los refugiados de Santa Catarina, al lado de Jacob Barsinson. Esta no fue la primera ni sería la última intervención de Levy.

VI - Perfil de un ganador

Refugiado pernambucano es pionero en la lucha por derechos civiles

Obstinado, ambicioso y solidario son algunos de los adjetivos empleados para calificar a Asser Levy, que entró a la historia de los Estados Unidos como pionero en la lucha por los derechos civiles. Ya a la semana siguiente al desembarque, registró una queja contra una mujer que formaba parte del grupo para recibir un préstamo hecho en Jamaica. El propio Levy acabó preso por incumplimiento, debido a un proceso movido por Jacques La Motte, pero no perdió el ánimo.

Una vez normalizada la situación, empezó a trabajar provisionalmente como carnicero, o *shohet*, profesional que preparaba la carne de acuerdo con los principios judíos, mientras esperaba autorización legal. Después de haber recibido la licencia, estableció un negocio en los suburbios de la ciudad, más o menos en el área actualmente conocida como la extrema izquierda de Wall Street.

Motivado por los resultados, diversificó los negocios, participando también del comercio de pieles y de una consultoría comercial, además de negociar con judíos establecidos en las colonias holandesas en el Caribe. Su facilidad de comunicación, aliada al tino comercial, abría puertas en localidades vecinas, donde su fama comenzó a extenderse. El gran salto en la carrera ocurrió cuando los judíos conquistaron el derecho a la adquisición de inmuebles, lo que posibilitó la compra de una gleba en Albany para especulación. También compró un lote en South Willian Street, escenario de la construcción de la primera sinagoga. En ese tiempo, mantuvo la lucha contra los obstáculos erguidos por la burocracia calvinista, además de contestar la tasa cobrada a los judíos que no participaban de la guardia. Todo sin perder el foco en la lucha por la amplia libertad de actuación en el comercio, privilegio concedido sólo a los cristianos.

Además de ayudar a la comunidad, Levy prestó dinero para la construcción de la primera iglesia de los luteranos y fue invitado a actuar como ejecutor de inventarios en la congregación cristiana. Su progreso en las actividades sociales y empresariales fue tan acelerado que, a finales de la década de 1660, el ex-refugiado ya era considerado uno de los más ricos habitantes de la región. Su ejemplo fue seguido por otros conquistadores.

VII - Negocios como vocación

Los judíos siguen tradición y buscan oportunidades

Al establecierense en América, los exiliados querían no sólo participar del desarrollo, sino también construir un espacio seguro para las futuras generaciones. En poco tiempo empezaron a marcar presencia en el comercio de pieles, principal actividad de la colonia, pero exigían autorización para también actuar en sectores todavía vetados por el gobierno. Es que la libertad comercial plena sólo existía en el ámbito de la propia comunidad judía, así como con un grupo limitado de artículos. Sin embargo, estas reglas se rompieran gradualmente. Para ello, mercaderes egresados de Brasil, como Abraham de Lucena, Salvador Dandrada, Jacob Cohen

Henriques, Joseph d`Acosta y David Ferrera encaminaron peticiones a la WIC, mostrando que aquello no tenía sentido. La comunidad estaba lista para ayudar.

A lo que sucedió en Recife, también en Nueva Ámsterdam los judíos se destacaron como intérpretes en las transacciones comerciales o en las disputas jurídicas entre las colonias. Fuera de eso, actuaron con éxito en emprendimientos diversificados como carnicerías, panaderías y boticas hasta llegar a las altas esferas de los negocios. Con el paso del tiempo, era común encontrar hombres de elevada posición social o financiera ejerciendo actividades manuales simples, como el sacrificio de animales o la producción de cerveza.

Un ejemplo de esa múltiple aptitud fue el mercader Jacob Cohen, que volvió a actuar en el comercio internacional, pero aún así solicitó permiso para trabajar como panadero. Sólo que él había sido uno de los más prósperos comerciantes de Pernambuco, además de contar con respaldo financiero del hijo, Abraham Cohen Henriques, un accionista de la WIC. Su registro de panadero fue negado, pero no le faltaron otras oportunidades.

Ya integrados a los negocios, líderes de la comunidad pidieron permiso a Peter Stuyvesant para comerciar en cualquier región bajo la jurisdicción holandesa, sólo que la respuesta fue negativa. El gobernador autorizó sólo transacciones en las fronteras al norte, aunque más tarde se extendió también al sur, tras la victoria de los holandeses sobre los suecos en la región de Delaware. De esa manera, le tocó a Abraham de Lucena, Salvador Dandrada y Jacob Henriques el pionerismo en el comercio en esa área, asociados después a Benjamín Cardozo y Isaac Israel, también venidos de Brasil.

Otros sefarditas se destacaron en profesiones liberales, como Jacob Lombroso, que tuvo éxito en pendencias comerciales, aunque no fuera formado en Derecho. En realidad, él era un polivalente, una especie de palo a todo servicio, que actuaba como médico, abogado, agricultor y comerciante. A pesar de las múltiples funciones, Lombroso no se alejaba de las obligaciones religiosas, como muestran los registros de las asambleas.

VIII - Una casa de oración

La Congregación establece normas permanentes

Con empeño y organización, la comunidad fue tomando cuerpo en la medida en que llegaban nuevos miembros y se ampliaban las posibilidades de negocios. Un año después de la llegada de los 23 pioneros, fue fundada la Congregación Shearith Israel - o Remanescentes de Israel -, la primera de América del Norte, en la época denominada Shearith Jacob. Su modelo fue posteriormente seguido en las diversas comunidades en rigurosas metas religiosas y culturales.

La estructura era similar a la que existía en Recife, así como en la Comunidad de Ámsterdam, ya que la mayoría de los fundadores eran egresados de las dos ciudades. Como una fiera atrapada, Peter Stuyvesant lanzó una mirada de indignación y revuelta, pues no se permitía la construcción de sinagogas en Nueva Ámsterdam, aceptándose la práctica del judaísmo sólo en el recinto íntimo de las residencias.

De hecho, las primeras reuniones fueron en casas privadas, antes de la transferencia a un edificio alquilado, en Mill Street, correspondiente a la actual South William Street. En el paso siguiente, la sinagoga fue a una casa más amplia, siguiendo más adelante a Central Park, su dirección definitiva.

El primer rabino responsable fue Abraham de Lucena, el mismo que había traído de Holanda un rollo de la Torah, donado por la comunidad de Ámsterdam, con votos de éxito en la colonia emergente. Las oraciones eran escritas en portugués, pero la comunidad usaba también el hebreo y el ladino en algunas rezas. La tendencia era que se mantuvieran los hábitos y costumbres acumulados en la larga trayectoria desde España, Portugal, Holanda y Brasil, pero el crecimiento continuo y acelerado impuso adaptaciones. Como un proceso natural, el portugués de los primeros días fue superado por otras lenguas, como el yidis, el español, el alemán y, principalmente, el inglés.

Con respecto a la llegada de Lucena, vinieron de Holanda otras familias para ocupar cargos relacionados no sólo con la vida religiosa, así como para el control de las leyes de la dieta, el mantenimiento del cementerio y de los baños rituales, la educación de niños y jóvenes y la filantropía. Es importante resaltar que el primer cantante litúrgico contratado fue Moisés Lopes de Fonseca, hijo de un rabino de Curaçao.

Pero no todo en aquel embrión de la comunidad de Nueva York repetía modelos del pasado. A diferencia de Recife y de Ámsterdam, no hubo, de inmediato, la creación de instituciones específicas de caridad, de modo que ese trabajo quedaba a cargo de la propia sinagoga. Así, el rabino recibía donaciones de judíos más ricos y de instituciones de Holanda para el suministro de ropa, alimentos, pensión a huérfanos y viudas, educación para niños pobres, dotes para mozas desamparadas y refugio a los viajeros. Una de las normas establecidas por Shearith Israel garantiza alojamiento y ayuda en efectivo a los inmigrantes por hasta 12 semanas consecutivas. El prejuicio y la discriminación en la colonia, sin embargo, crecían a la vista.

En junio de 1656, Peter Stuyvesant recibió una carta en la que la WIC prohibía a los judíos el acceso a ciertos oficios reservados a los cristianos, como el de mecánico, atendiendo a los llamados calvinistas. Según Charles Boxer, el refuerzo del poder eclesiástico en aquella época era una táctica usada por países en crisis para promover la cohesión interna.

Holanda no iba muy bien, pero, en compensación, los vientos soplaban a favor de los judíos en Inglaterra.

SEXTA PARTE

UNA VENTANA PARA EUROPA

"Los que aprueban una opinión, la llaman opinión;
pero los que la desaprueban la llaman herejía".
Thomas Hobbes (1588-1679).

I - Fin del ostracismo

Cromwell trae a los judíos de vuelta a Inglaterra

Al mismo tiempo del desmantelamiento de la comunidad de Recife, nuevas perspectivas se abrían en Londres, desde la ascensión de Oliver Cromwell al poder, en 1649. Conocido como "El Hombre de Hierro", él lideró el movimiento que derribó al rey Carlos I, recibiendo el título de Lord Protector de Inglaterra, Escocia, Gales e Irlanda. Para los judíos, su gobierno marca el retorno oficial al país, 361 años después de la expulsión decretada por Eduardo I, en 1290.

Bajo Cromwell, ya a partir de 1651, comenzaron a llegar levas de mercaderes y profesionales de origen portugués y español, muchos oriundos de la extinta comunidad pernambucana. Sólo que todavía había una fuerte resistencia por parte de católicos y protestantes.

Con el fin de ganar apoyo del Parlamento en 1655, Cromwell invitó al rabino Menasseh ben Israel para hablar en defensa de los judíos, enfatizando su impulso emprendedor. En la charla, Menasseh habló de las inversiones realizadas en el comercio mundial y recordó las posibilidades de alianzas con Ámsterdam, pero no precisó avanzar mucho. Es que, en sus deliberaciones, las autoridades ya habían concluido que el acto de expulsión estaba naturalmente extinto y no carecía de ley para su revocación.

En 1656, la integración en la sociedad ganó impulso, cuando Inglaterra declaró guerra al Imperio Español, y los marranos fueron reconocidos como aliados históricos de los ingleses. En el marco de esta afinidad, empezó a aparecer en el país una comunidad que se mantuvo "invisible" durante siglos, en virtud de las restricciones legales.

II - Conexión peninsular

Contribución ibérica a la comunidad de Londres

Muchos judíos llegaron clandestinamente a Londres y Bristol en el reinado de Enrique VIII (1509-1547), gracias principalmente a la influencia de la familia Mendes, que había concedido un voluminoso préstamo a la Corona. Recordamos que cuando Doña Gracia Nasi huyó de Lisboa, en 1535, como hablamos en el capítulo XXI, siguió inicialmente a Londres, donde conoció la discreta comunidad local de criptojudeos. Esta migración oculta y de pequeña monta se dio en el rastro de la diáspora española, en 1492, y de la conversión forzada en Portugal, en 1497.

Uno de los líderes de la comunidad "invisible" era el médico portugués Héctor Nunes, que había montado una esnoga en su residencia, en el momento en que se produjo la muerte de su padre, y que se convirtió en médico de la reina, pero acabó envuelto en intrigas políticas y fue condenado a la muerte, acusado de conspiración, en 1594.

En consecuencia del episodio, muchos conversos dejaron el país, mientras que otros fueron proscritos por el rey James I, en 1609, al saber que el judaísmo era practicado en secreto. El crecimiento comercial británico, sin embargo, volvió a atraer los conversos portugueses, décadas después, envueltos en actividades que se extendían de Oriente a las Américas, pasando por Holanda, Italia, España y Portugal. Con motivo de la llegada de los pernambucanos a Manhattan, en 1654, Londres ya alberga un núcleo de aproximadamente 20 familias de conversos, el verdadero embrión de la futura comunidad. Aunque ellos buscaban presentarse como católicos, no era secreto para nadie, mucho menos para los miembros del gobierno, que practicaban la fe judía.

A esa altura, su líder era Antonio Fernández Carvajal, considerado uno de los mayores comerciantes de plata de Inglaterra de todos los tiempos, que había llegado a Londres alrededor de 1635. Próspero y influyente, Carvajal ayudó financieramente a la Revolución Puritana movida por Cromwell, le repasando informaciones estratégicas. Por eso, el mercader y sus hijos fueron agraciados con el estatus legal de residencia, siendo los primeros judíos en recibir esa distinción.

Con la muerte de Cromwell y la restauración de la monarquía, en 1660, el rey Charles II adoptó una postura pragmática y no movió represalias contra la comunidad. En cambio, tanto Charles, como su sucesor, James II, dieron protección a los judíos, posponiendo las peticiones rabiosas, que reclamaban desde la limitación del espacio en el mercado, hasta un nuevo decreto de expulsión.

Sin embargo, las bases de sustentación eran cada vez más sólidas.

En el período, había una concurrida ruta entre Londres y las comunidades de Holanda, Italia, Francia y los remanentes de la Península Ibérica, notablemente de los egresados de Pernambuco. Con eso, la comunidad creció, llegando a sumar más de 400 familias. Así como en Nueva York, el modelo seguido era el de Ámsterdam.

En el campo político, Holanda estrechaba el cerco a Portugal, que cruzó el Canal de la Mancha en busca de protección.

III - El mayor dote

Inglés casa con portuguesa a cambio de dos países

Una convergencia de factores favoreció el cierre de un acuerdo entre Inglaterra y Portugal al inicio del reinado de Charles II, previendo el suministro de armas y soldados al ejército portugués. El punto alto, sin embargo, era el matrimonio del rey con la infanta portuguesa, D. Catalina de Braganza, cuyo dote incluía dos millones de cruzados, además de las colonias de Tánger y Bombay, en Oriente.

En el inicio de las negociaciones, el paquete incluiría, además, el matrimonio de la hermana del rey, Henriqueta Stuart, con D. Alfonso VI, heredero del trono portugués, pero esa idea fue descartada, no se sabe el motivo. Sólo se sabe que, años más tarde, Alfonso fue acusado por la esposa de no cumplir las "obligaciones matrimoniales", como veremos más adelante. El hecho es que, desde la muerte de D. João IV, en 1649, Alfonso VI subió al trono, bajo la regencia de la madre, D. Luisa de Gusmão, hasta 1662. En Portugal, el drama de los cristianos-nuevos seguía el mismo, con las incursiones constantes de la Inquisición al patrimonio de aquellos que se destacasen económicamente. Para dar un ejemplo, antes de la muerte de D. João IV, en 1652, la tragedia del mercader Manuel Fernandes Vila-Real conmovió al país.

Magnate del comercio marítimo, autodidacta y autor del libro *El político cristianísimo*, en el que alababa al cardenal francés Richelieu y criticaba la confiscación de los bienes, Vila-Real desembarcó en Lisboa una mañana para recibir una condecoración concedida por el rey, pero lo primero que encontró fue un proceso del Santo Oficio. Acusado de herejía, fue condenado a la hoguera y al confisco de todo su patrimonio, sin que el rey nada hiciera para socorrer al amigo, tal era el poder de la Inquisición.

No obstante, los judíos portugueses tuvieron participación directa en las negociaciones y en el patrocinio del matrimonio de Catalina de Braganza, ya que las arcas de la Corona no estaban en buena fase. Pero la fuerza conquistada por los británicos tras la unión con Portugal provocó la reacción no sólo de los holandeses, sino también de franceses y españoles.

Por temor a un retroceso, D. Luisa fue rápida en la ejecución de las cláusulas del acuerdo, habiendo incluso pasado el Tánger a los ingleses antes de la celebración del matrimonio. Sólo entonces quedó claro que los portugueses no tenían poder de fuego para costear el dote, considerado el más alto ya pagado por una pobre princesa. Sin embargo, Doña Catalina viajó al Reino Unido con sólo 700 mil cruzados en la bolsa, algunas cajas de azúcar, joyas y piezas de plata.

A pesar del malestar, Charles II consideró irrelevante el truco y dio continuidad a la unión, teniendo en cuenta el interés del imperio en las plazas de Tánger y Bombay. Considerada la última reina católica de Inglaterra, Doña Catalina enfrentó dificultades, pero dejó marcas definitivas en el país, como la introducción del hábito de tomar el té de las cinco y el popular plato de pescado con patatas fritas, hasta entonces inexistente en la mesa británica. Los problemas de la reina fueron mayores en el campo doméstico, ya que el rey se mostró negligente como marido, dejando una colección de 19 hijos bastardos y ninguno generado en el lecho conyugal. En Lisboa, la dinastía de Braganza también enfrentaba caminos tortuosos en busca de herederos.

IV - Un rey encarcelado

D. Pedro II se casa con la cuñada

C atalina de Braganza podía considerarse feliz, en comparación a lo que sucedía con el resto de su familia en Lisboa. Es que en enero de 1668, D. Pedro II de Portugal lideró una conspiración para deponer al propio hermano, Alfonso VI, tornándose regente hasta la muerte del rey, el 12 de septiembre de 1683.

Tercer hijo de D. João IV y de Luisa de Gusmão, Señor de la Casa del Infantado, Pedro era dado a los deportes radicales, cacerías y corridas de toros. Aunque la economía estaba en alza, gracias al descubrimiento del oro en las Minas Gerais, en Brasil, el rey no daba la menor tregua a los cristianos-nuevos.

En busca de paz, la comunidad se propuso crear una compañía marítima para actuar en el comercio de las Indias, con todos los costos bancados por los mercaderes. En cambio, pedía amnistía para los marranos presos y que el rey solicitase al Papa una reforma en el estatuto de la Inquisición. El monarca halló buena la propuesta, pero el clero reaccionó con indignación, al alegar que el país lucraría mucho más si dejara todo en lo mismo, teniendo los cristianos-nuevos como eterna fuente de ingresos. En seguida, los inquisidores dieron inicio a una ola de prisiones de familias ricas, como los Mogadouro, Llaves, Penso, Pestana, Cáceres y Silva.

Uno de los casos más famosos fue el de Antônio Rodrigues Mogadouro, preso el 29 de julio de 1672. En el curso de la persecución, fueron recogidas denuncias según las cuales el jefe del clan iba a construir una casa en Livorno para practicar el judaísmo fuera de Portugal, pero no se ha probado nada. En todo el proceso, sin embargo, Mogadouro afirmó que era cristiano, pero fue incapaz de rezar el credo o citar de memoria los mandamientos de la Iglesia.

Al decretar su sentencia de muerte, la Inquisición tenía ya en manos una copia del inventario de los bienes del acusado, compuesto por paneles de pintura flamenca, cuencas y cubiertos de plata, cuatro bolsas de monedas de oro y inmuebles, ahora pertenecientes al Santo Oficio.

En la condición de regente, D. Pedro fue implacable también contra el pobre hermano, preso y sometido a un proceso de anulación de su matrimonio con María Francisca Isabel de Saboya, por "ineptitud en relación a las mujeres". Al obtener la anulación, él mismo se apresuró a casarse con la cuñada.

De acuerdo con el historiador Joaquín Veríssimo Serrão, el caso representa una página lamentable en la historia de Portugal, aunque el proceso contenga materia abundante para probar la incapacidad del monarca en asegurar la sucesión del Reino.

En Inglaterra, Charles II determinó la invasión de la colonia de Nueva Ámsterdam, rebautizada con el nombre de Nueva York, en homenaje a su hermano James, el duque de York. El hecho repercutió en la vida de los judíos, pero antes de volver a América, cabe registrar los hechos del rabino Isaac Aboab, tras la caída de los holandeses en Brasil.

V - El caso Espinoza

Filósofo es excomulgado por ex-rabino de Recife

Aboab fue reintegrado al mando de la Congregación de Ámsterdam, convirtiéndose en su director en 1656. En esa condición le correspondió la responsabilidad de conducir el proceso contra Baruch Espinoza, un judío que, a los 24 años, chocó al mundo al cuestionar los fundamentos de la fe.

Así como los Aboab, el clan Espinoza también había sido expulsado de España en 1492, pasando por la conversión forzada en Portugal, desde donde siguió a Francia, antes de llegar a los Países Bajos. En ese trayecto, la oscilación entre el judaísmo y el cristianismo fue una regla.

Baruch nació en Ámsterdam el 24 de noviembre de 1632, dos años después de la invasión holandesa en Pernambuco. Su nombre en hebreo significa "bendecido", o Benito, que pasó a ser Benedictus, en latín, después de la excomunión. Durante siglos, sus antepasados habitaron la ciudad de Espinoza de los Monteros, ubicada en la Cordillera Cantábrica, norte de España.

Después de la expulsión, la familia vivió en la ciudad de Vidigueira, región de Beja, en Portugal, donde fue alcanzada por la conversión forzada, en 1497, huyendo después a Nantes, en Francia. En 1615, sin embargo, un brote de intolerancia forzó un nuevo cambio, esta vez a Róterdam en Holanda, donde el abuelo del futuro filósofo, Isaac Espinoza, falleció. Después de la muerte del patriarca, el padre de Espinoza, Miguel, y su tío Manuel siguieron a Ámsterdam, y regresaron al judaísmo.

Miguel se convirtió en un comerciante influyente, pero no se libró de dramas familiares. Así, quedó viudo tres veces, empezando por el matrimonio con Raquel, que murió en 1627 dejando a una hija llamada Rebeca.

Un año después, se casa con Ana Débora, madre de Baruch y de otros tres hijos, Miriam, Isaac, y Gabriel. Sin embargo, la armonía se rompe una vez más con la muerte de Débora, en 1638, cuando Baruch tenía seis años.

Con cinco hijos menores, partió para el tercer matrimonio, ahora con la prima Ester de Espinoza, de Lisboa, a quien le tocó cuidar de la educación de los niños. Por arte de lo inesperado, la muerte de Ester, en 1652, dio al mercader su tercera y última viudez. Extenuado, murió dos años después, el 28 de marzo de 1654, año que, por coincidencia, también marca la expulsión de los judíos de Pernambuco.

Baruch Espinoza estudió hebreo y fue uno de los primeros en asistir a la escuela "Árbol de la Vida", creada en Ámsterdam en 1637 para jóvenes judíos. Su biógrafo, Johannes Colerus, afirma que, tras contacto con el latinista Franciscus van den Eden, se adhirió a la máxima del filósofo francés René Descartes, según la cual no se debe recibir como verdad algo que no pueda ser probado por la razón. Isaac Aboab y otros rabinos intentaron traer al discípulo de vuelta al judaísmo, pero Baruch se quedaba afastado de la sinagoga, a diferencia del resto de la familia.

La disidencia forzó a la comunidad a dar una respuesta, no sólo a los miembros, sino al mundo entero, especialmente a los Países Bajos. A los 24 años, el filósofo aún no había publicado libros, pero era famoso por su inteligencia, sus tesis polémicas y su comportamiento singular. Heredero de la fortuna paterna, por ser el hijo varón más viejo, donó todo a la hermana, quedando sólo con una cama.

Para el profesor Yirmiyahu Yovel, el fenómeno Espinoza debe ser entendido a partir del universo de los cristianos-nuevos, al que pertenecía. Autor del libro Espinoza y otros heréticos, Yovel afirma que el cuestionamiento permanente fue la mayor contribución de los judíos portugueses al pensamiento universal, en función de la represión a que fueron sometidos.

La tesis de Yovel también se aplica al cristiano-nuevo Uriel da Costa, nacido en Portugal, que regresó al judaísmo en Ámsterdam, pero entró en ruta de choque con los rabinos debido a sus ideas. Al ser castigado, sin embargo, Uriel no resistió a las presiones y cometió suicidio en 1640.

El 27 de julio de 1656, Aboab presidió el tribunal rabínico que excomulgó a Espinoza, que, aislado, pasó a ganar la vida como pulidor de lentes. Aboab dejó su marca en otros eventos en el transcurso de su larga trayectoria.

VI - Esnoga de Ámsterdam

Obra utiliza madera de Pernambuco

I saac Aboab fue también el responsable del proyecto de la Sinagoga de la Congregación Sefardita Talmud Torá. Al aprobar la propuesta, la comunidad compró un terreno frente a la Gran Sinagoga Asquenazita, inaugurada en 1670 en el barrio judío. Para proyectar y ejecutar la obra, fueron contratados dos profesionales externos, ya que los judíos no eran admitidos en varios gremios, o asociaciones de artesanos de una misma rama.

En abril de 1671, las fundaciones de la futura Esnoga Portuguesa de Ámsterdam estaban listas para lanzamiento, pero los trabajos sufrieron un retraso de dos años debido al ataque de las tropas francesas y inglesas contra Holanda. Al ser retomado, el proyecto se mantuvo inalterado, así como el presupuesto, estimado en 186.000 florínes, una fortuna en la época.

El espacio acomodaba a unos 1.200 hombres y 440 mujeres y fue inspirado en el Templo de Jerusalén, destruido por los romanos en la primera diáspora. Inaugurado en 2 de agosto de 1675, tenía en su entrada la reproducción de un versículo de los Salmos al lado del nombre de Rabí Isaac Aboab de Fonseca.

El templo tuvo que ser construido sobre trés mil estacas de madera debido a las condiciones del suelo en el área elegida. En el interior, el mobiliario reflejaba directamente los orígenes luso-brasileños de la sinagoga, con guirnaldas esculpidas en madera de ley de Pernambuco. En la apertura, el orador oficial fue Isaac de Andrade Velosino, judío nacido en Recife, que se mudó a Holanda aún niño. En Ámsterdam, además de convertirse en doctor en Filosofía y en el Talmud, escribió obras sobre medicina y historia brasileña. Mientras tanto, otros judíos de origen ibérico también comenzaron a se destacar por sus conquistas.

VII - Un barón marrano

España da título a un hijo de la diáspora

El banquero Antônio Lopes conquistó su espacio a regañadientes del padre, el cristiano-nuevo Francisco Lopes, que había escogido la carrera del sacerdocio católico para los hijos. Por iniciativa propia, Antonio se quedó en el mundo de los negocios y agregó Suasso al apellido, inspirado en el árbol genealógico materno, de origen español.

Nacido en ambiente judío, años más tarde, su hijo, Francisco Lopes Suasso, ganó fama como uno de los banqueros más influyentes de Europa, beneficiado por la fortuna resultante de la unión de las dos familias. Orgulloso del origen cristiano-nuevo, mantenía estrecha asociación tanto con el príncipe Guillermo III, de Holanda, como con la Corte española.

Con dinero, prestigio y buenas relaciones, ese legítimo descendiente de la diáspora recibió el título de barón, otorgado por el rey Carlos II de España, según consta en los registros de la Esnoga de Ámsterdam, con el nombre de Abraham Israel Suasso. Según relata el escritor Joseph Eskenazi Pernidji, el escudo de la familia conferido por la monarquía española trae la estampa de dos lobos, vocablo que en latín dio origen a la palabra Lopes.

El último monarca de la familia de los Habsburgo, Carlos II no dejó heredero al trono, lo que dio origen a la Guerra de la Sucesión española. El conflicto envolvió a Portugal, Inglaterra, Holanda, Francia, Austria y la propia España, pero al final no hubo vencedores o vencidos. Un acuerdo permitió la coronación de Felipe V de España, nieto de Luis XIV de Francia, dando inicio a la dinastía de los Borbones.

La dinastía de los Habsburgo había sido iniciada por Carlos I de España, o Carlos V, del Sacro Imperio Romano-Germánico, nieto por vía materna de los Reyes Católicos Fernando y Isabel. Si volviesen en el tiempo, los monarcas tendrían dificultades para asimilar no sólo la condecoración de un marrano con un título de nobleza, sino también otras conquistas de los judíos. No era ese el resultado que esperaban del juego iniciado en 1492 por Torquemada al disparar el crucifijo sobre la mesa.

MATCH POINT

METAFÍSICA DEL ENCUENTRO

"La sabiduría suprema es tener sueños bastante grandes
para no perderse de vista mientras los perseguimos".
William Faulkner (1897-1962)

I - Patrimonio imponderable

Organización es el estilo de la comunidad

C uando los ingleses ocuparon Nueva Ámsterdam, en 1665, la comunidad judía contaba con aproximadamente 60 personas, pero tenía un papel destacado en razón del respeto conquistado. Con el mismo empeño con que luchó por libertades civiles y espacio en el comercio, bajo el gobierno holandés, la lucha ahora era contra el cobro de una tasa de dos florínes semanales para amparar a los soldados ingleses. Al liderar esta campaña, Asser Levy amplió su popularidad más allá de las divisas de Nueva York, convirtiéndose en personalidad nacional, o casi eso.

En vez de sufrir represiones del nuevo gobierno, el judío consolidó su liderazgo, alcanzando círculos cada vez más amplios y aceptando los desafíos que surgían. Con la credibilidad creciente en ese período, él fue indicado para componer el juri de un proceso, un honor hasta entonces sólo concedido a la élite protestante. Paradójicamente, uno de los acusados era el ex-gobernador Peter Stuyvesant, el mismo que por poco no lo expulsó de la colonia, en 1654.

Los pioneros judíos dejaron marcos significativos, como la Sinagoga Shearith Israel y el cementerio de Chatham, el segundo más antiguo de la ciudad entre las instituciones religiosas. El primero había sido erigido por los protestantes años antes. Un hecho curioso es que el terreno del cementerio judío fue comprado por Joseph Bueno de Mesquita, un cristiano-nuevo que vivió en Brasil, se mudó a Inglaterra y llegó a Nueva York alrededor de 1680 para encontrarse con otros ex-habitantes del Recife holandés.

El cementerio sirve de última morada para muchos pioneros, como Benjamín Bueno de Mesquita, por ejemplo, mercader cuyo nombre consta en las actas de la Congregación Zur Israel. Las tumbas están preservadas, trayendo en las lápidas nombres familiares a los brasileños, como Samuel Levy, Moisés Levy, José Torres Nunes, Abraham Burgos, Sarah Bueno de Mesquita y Sarah Rodrigues de Rivera.

En los senderos de la libertad, en 1733, le tocó a los judíos organizar una protesta contra la Ley del Melaço, o Molasses Act, bajada por los ingleses para exigir que el transporte fuera hecho en barcos británicos. Liderado por Rodrigo Pacheco, David Gomes y Bernardo Harto, el movimiento se extendió por el país y forzó al gobierno colonial a renunciar a la tasación. La victoria del movimiento estimuló la movilización contra otros impuestos y tasas, fortaleciendo el movimiento de independencia en relación a la metrópoli.

Otra marca dejada por los sefardíes es la Sinagoga Tauro, en Newport, Estado de Rhode Island, inaugurada en 1764, considerada la más antigua del país aún de pie. En su histórico consta una visita oficial del primer presidente estadounidense, George Washington, durante un Shabat, ocasión en que defendió la libertad de conciencia al proclamar "que los hijos de Abraham residentes en esta tierra podrán siempre gozar del respeto de sus conciudadanos". El fragmento del discurso está grabado en placa de bronce fijada en la entrada.

En el interior, 12 columnas representan las 12 tribus de Israel, pero el detalle precioso queda por cuenta de un túnel subterráneo, en memoria de las rutas de fuga de los tiempos de la Inquisición. También se destaca la sinagoga de Charleston, construida en 1749, que mantiene un museo con objetos de la época de la Guerra de la Independencia (1775-1881), que contó con el compromiso de descendientes de los 23 refugiados, entre ellos Asser Levy, nieto.

Es importante recordar que el superintendente de las finanzas de las tropas coloniales, Robert Morris, tuvo la estrecha colaboración de al menos tres judíos: Haym Solomon, en Filadelfia; Jacob Hart, en Baltimore; y Isaac Levy, en Nueva York, este último llegando al puesto de teniente coronel.

II - Pilares de concreto

Pioneros afirman fidelidad al país

En 1768, un grupo de judíos portugueses estuvo a frente de los debates para la creación de una Cámara de Comercio, estando en manos del mantenedor de la Sinagoga Shearith Israel, Isaac Moisés, hacer el esbozo de la constitución de la entidad. En 1792, el sefardí Benjamín Nathan Mendes Seixas, nieto del rabino Gershom Mendes Seixas, participó en el grupo fundador de la Bolsa de Valores de Wall Street, al lado de los asquenazitas Ephraim Hart y Alexander Zuntz. Cuando se casó con Zipporah Levy, hija del empresario Hayman Levy y nieta de Moisés Levy, Benjamín Mendes Seixas fue el responsable de la unión de dos de las más tradicionales familias de la comunidad. Por su parte, Gershom Mendes Seixas fue el único judío perteneciente al cuadro de incorporadores de la Universidad de Columbia, integrando su directorio entre 1787 y 1815.

A pesar del éxito alcanzado, los judíos fueron víctimas de fuerte discriminación, que no raramente era basada en prejuicios hediondos lanzados al azar. Aún en 1746, el cementerio judío de Manhattan fue atacado y tuvo sus muros y tumbas dañados sin que fueran encontrados los responsables. La violencia volvió a la superficie en 1752, cuando se registraran manifestaciones callejeras, estimuladas por el montaje de la pieza *El mercader de Venecia*, de William Shakespeare, que tiene como personaje central el estereotipo del judío usurario. Sin embargo, el prejuicio en América tenía una connotación diferente de lo experimentado en el Brasil Holandés, donde los cristianos-nuevos llegados antes ya habían preparado el terreno para una aculturación gradual. Los judíos reaccionaban cada uno a su manera, con tácticas que variaban entre la fuerza bruta y la resistencia pacífica.

III - Duelo contra el prejuicio

Marrano exige respeto, bajo en la ley o el brazo

Defensor de la tesis de que las manifestaciones de intolerancia exigen una respuesta inmediata, Uriah Levy se destacó al mismo tiempo como inversor del sector inmobiliario y oficial de la Marina, pasando a ser considerado héroe de la historia naval estadounidense. Su biografía registra episodios de lucha férrea contra el antisemitismo que impregnaba las instituciones militares, pero él nunca disfrazó su origen. De acuerdo con las costumbres de la época, en 1816, Levy fue desafiado a un duelo, después de abofetear a un teniente que lo llamó "judío maldito". Consciente de su mayor destreza con el arma, disparó cuatro veces hacia lo alto y se esquivó de las embestidas adversarias, abriendo una brecha para un acuerdo de paz. Pero la actitud conciliadora terminó en el momento en que fue llamado "judío cobarde" por el oponente, que recibió un tiro entre los ojos y murió antes de caer al suelo.

En 1825, Uriah Levy se sorprendió al constatar el estado de degradación y abandono en que se encontraba Montecello, una propiedad que pertenecía al presidente Thomas Jefferson, ubicada en el Estado de Virginia. Al año siguiente, compró el inmueble, transformando sus dependencias en parque para visitación pública. Para él, el gesto era una prueba de gratitud "al hombre que imprimió la tolerancia religiosa en la Constitución estadounidense", beneficiando no sólo a los judíos, sino también a miembros de todos los credos.

Descendiente de sefardí por parte de madre y asquenazi por la línea paterna, Levy se transformó en una leyenda debido a su cruzada por el fin de la "ley del látigo", que condenaba a los marineros a latigazos ante las fallas cometidas. Indignado, hizo una campaña sistemática junto al Congreso, enviando muestras de látigos a diputados y senadores, sugiriendo que se autoflagelaran para sentir el peso del castigo. En 1850, el látigo fue abolido.

A ejemplo de los Estados Unidos, también en Inglaterra, otros judíos de la diáspora dieron pruebas de coraje y determinación.

IV - Ataque y defensa

El primer atleta judío a ser recibido por el rey

En Londres, el marrano Daniel Mendoza también usó la fuerza de los puños contra el prejuicio, pero con mucha arte y estilo. Consagrado como el padre del boxeo moderno, al abrazar el deporte fue una excepción a la regla en la comunidad, ya que los rabinos alentaban sólo ejercicios de relajación y gimnasia moderada entre los jóvenes.

Mendoza no fue un rebelde sin causa, sino un vencedor, producido por un ambiente marcado por la discriminación generalizada contra los judíos. Para él, el boxeo fue una forma no sólo de imponer respeto, sino también de promover integración y, obviamente, ganar dinero. Con un estilo enérgico, inteligente y de buenos resultados, Daniel Mendoza transformó el estereotipo del judío débil y indefenso en alguien fuerte y respetado.

Después de conquistar su primera victoria como profesional, en 1787, ganó el patrocinio del Príncipe de Gales, más tarde conocido como el rey George III. Al ser recibido por la realeza británica, Dan ayudó a mejorar el concepto de los judíos en la sociedad inglesa, neutralizando la marea antisemita estimulada por los frecuentes montajes de la ya citada pieza *El mercader de Venecia*, de Shakespeare.

En el ring, Dan recibió automáticamente el título inglés en 1791 debido a la jubilación del entonces campeón Benjamin Brain, pero esa concesión fue contestada por el boxeador Bill Warr, que se consideraba más capacitado. Para quitar la duda, los dos subieron al ring en mayo de 1792, cuando el judío golpeó al desafiante después de 23 asaltos. Inconformado con la derrota, Warr exigió una nueva lucha, que quedó marcada para noviembre de 1794. Esta vez, Dan necesitó sólo quince minutos para eliminar el decadente Bill Warr.

Nacido en Londres en 1764, Dan era hijo de Abraham Mendoza y Esther Lopez, ambos oriundos de la diáspora española. Responsable por la creación de las técnicas de defensa, en una época en que el boxeo consistía sólo en atacar, dejó un estilo conocido como Escuela de Mendoza, o Escuela Judaica. Orgulloso del origen, el campeón suscribía como *Mendoza, el Judío*.

V - La poesía como arma

Obra ilustra la Estatua de la Libertad

Otra forma de actuación fue seguida en Nueva York por la poetisa Emma Lazarus, que a finales del siglo XIX encabezó una campaña en defensa de las víctimas de los pogromos de Rusia. Amparada en su prestigio artístico y social, ella recaudó recursos y llamó a las autoridades para que dieran a los inmigrantes no sólo abrigo y alimentación, sino también una educación técnica que permitiese su inserción en el mercado del trabajo.

Emma era la cuarta de siete hijos de Moses Lazarus y Esther Nathan y desde la infancia se dedicó al estudio de la literatura, así como de varias lenguas, incluyendo el alemán, francés y italiano. Aunque no primaba por la asiduidad a los servicios de la sinagoga, la familia Nathan Cardozo tenía orgullo en trazar su árbol genealógico a partir de la expulsión de los judíos de Pernambuco.

Además de dejar una producción literaria formada por poemas, dos piezas teatrales y una novela, ella tradujo al inglés obras de los alemanes Goethe y Heinrich Heine. Su nombre ganó una proyección aún mayor gracias al soneto *El nuevo coloso*, escrito en 1883 y grabado en 1903 en la placa de bronce fijada en el pedestal de la Estatua de la Libertad.

En el campo del saber, otro nombre destacado fue Benjamin Nathan Cardozo, jurista de gran popularidad, también formado en griego, economía y política por la Universidad de Columbia. Después de servir como juez en la Suprema Corte de Apelaciones del Estado de Nueva York, fue nombrado para la Corte Suprema, en 1932, por el presidente Hoover. Primo de Emma Lazarus, Cardozo exhibía el origen sefardita junto a las credenciales.

Este también era el caso de Elias Victor Seixas Junior, otro descendiente de los pioneros, que ganó notoriedad en las canchas de tenis. Nacido en Filadelfia, "Vic" Seixas estuvo por trece años entre los Top Ten de los tenistas norteamericanos, a pesar de haber interrumpido su carrera durante la Segunda Guerra Mundial, cuando fue piloto de la Fuerza Aérea Americana. Jugando en la categoría Simple, ganó el Torneo de Wimbledon en 1953 y el Abierto de Estados Unidos en 1954, año en que se conmemoró el tricentenario del desembarque de los refugiados brasileños.

Así como Vic Seixas, miles de judíos, entre 18 y 40 años, engrosaron las filas del ejército norteamericano durante la Segunda Guerra Mundial, pero a la vez el perfil de la comunidad era otro. Los cambios demográficos ocurrieron en ciclos sucesivos desde finales del siglo XIX, cuando llegaron levas de asquenazis de Alemania y del Este Europeo. Los sefardíes fueron superados numéricamente, pero preservaron una memoria que representa las raíces históricas de los judíos en Estados Unidos. Además de la Sinagoga Shearith Israel, que se mantiene preservada en el Central Park, hay otros testimonios, como la placa, en portugués, del primer cementerio judío de Nueva York y el marco en homenaje a los fundadores de la primera comunidad del país.

En Recife, un trabajo arqueológico recuperó las bases de la Zur Israel, transformada en punto de visita después de restaurada. Aunque haya pasado por reformas a lo largo del tiempo, el Puente Mauricio de Nassau es testigo y guardiana de la saga, contada en la placa en latín dejada por Nassau y Baltazar de Fonseca, de la que ya hablamos.

En Holanda, la esnoga portuguesa de Ámsterdam resuena la efervescencia de una época de sueños y aspiraciones trascendentales. También en Portugal y España, la memoria sefardita gana dimensiones históricas en estudios e investigaciones que objetivan restablecer la justicia soterrada.

VI - Más allá del mito

Pioneros simbolizan lucha iniciada en 1492

Las celebraciones del tricentenario del inicio de la inmigración judía, en 1954, destacaron la trayectoria del grupo que llegó a bordo del buque Santa Catarina, aunque la historia no tiene una interpretación lineal. En realidad, los 23 brasileños también representan a los antepasados que cayeron en el camino, así como toda una legión de pioneros que vinieron después. En su generosidad, el simbolismo acoge las figuras del último Gaón de Castilla, Isaac Aboab, Isaac de Castro Tartas, Baruck Espinoza y otros.

Para el historiador norteamericano Howard B. Rock, el mito de los 23 pioneros comenzó a dibujarse con el relato de Salomón Pietersen, el judío que llegó días antes a Nueva Ámsterdam en el barco Peartree y actuó como abogado de los refugiados ante la administración de la colonia. Para Rock, la acción movida por Pietersen en defensa de los refugiados, en septiembre de 1654, confiere a los brasileños la primacía de haberen sido los primeros en conmemorar el Rosh Hashanah en territorio norteamericano.

El historiador añade que la mejor explicación para que se les concediera el título de fundadores reside en que ellos fueron los primeros judíos llegar a América en número significativo, independientemente de la intencionalidad del viaje. Sólo a partir de entonces, comenzó a crearse una comunidad judía, en los moldes y estándares conocidos desde hace siglos.

Con sensatez y rigor investigador, Howard Rock recuerda que casi toda la comunidad en el mundo tiene su fundación asociada a un mito, y Nueva York no fue una excepción. Según el historiador, la saga pasó a ser labrada en mármol a partir del artículo en hebreo escrito por el poeta holandés David Franco Mendes, en 1784, sobre los victoriosos conquistadores expulsados de Pernambuco.

VIII - Tributo inolvidable

El presidente Obama inserta la saga en la historia

En mayo de 2012, el presidente Barack Obama destacó la importancia de los 23 judíos brasileños en la formación de Estados Unidos, al pronunciar discurso sobre el mes de la Herencia Judía. En un mapa que reproducía el trayecto del viaje, subrayó el drama vivido por el pequeño grupo que, según él, había dejado a Brasil presionado por el odio y la intolerancia hace 358 años.

De acuerdo con el presidente, la expulsión representó otro capítulo en la historia de un pueblo sometido a pruebas desde el primer momento en que pasó a profesar el judaísmo. Para él, la agitada travesía por el mar del Caribe simbolizaba también el marco de un nuevo comienzo. "Cuando aquellos hombres, mujeres y niños desembarcaron en Nueva Ámsterdam -que hoy es la ciudad de Nueva York - no sólo encontraron un puerto seguro, sino también las semillas de una tradición de libertad y de oportunidades que uniría para siempre su historia a la historia de América".

En las palabras del líder norteamericano, los 23 pioneros abrieron el camino a millones de judíos que llegarían en los siglos siguientes, procedentes de todas partes del mundo, prontos para construyeren nuevas vidas en una tierra donde los padres pudiesen dar a los hijos más que ellos mismos tuvieron y "donde las personas antes perseguidas puedan profesar libremente su fe".

El presidente reconoce, sin embargo, que incluso en los Estados Unidos los judíos soportaron momentos de opresión y hostilidad, aunque entiendan que la construcción de un futuro mejor esté al alcance de todos. "En la adversidad y en el éxito, ellos se apoyaron mutuamente, renovando la tradición de comunidad basada en propósitos morales y en el esfuerzo común tan presente en su identidad", afirmó.

El texto destaca que las historias de perseverancia y creencia en el futuro son una lección no sólo para los judíos, sino para todos los demás norteamericanos. Más que eso, el presidente afirma que las nuevas generaciones han contribuido a logros que siempre enriquecen la historia nacional. "Como un producto de la herencia y de la fe, los judíos han abierto nuestros ojos para la injusticia, para el apoyo a los más necesitados y para la simple noción de que debemos estar presentes en la lucha de nuestros compañeros hombres y mujeres", prosiguió Obama.

"Estes principios han llevado a los judíos a luchar por la igualdad de las mujeres y los derechos de los trabajadores, así como a predicar contra el racismo desde el púlpito. Estes principios inspiraron muchos a liderar marchas contra la segregación, como también ayudaron a forjar los lazos inquebrantables con el Estado de Israel y además han apoyado nuestro ideal de lucha por un mundo mejor. Los judíos americanos, que han servido heroicamente en diversas batallas y nos han inspirado en la búsqueda de la paz, hoy se sitúan como líderes en comunidades por toda nuestra nación".

Obama destacó que el Mes de la Herencia Judía fue instituido con el objetivo de celebrar el permanente legado de los millones de judíos que cruzaron el Atlántico, así como de sus hijos y nietos, cuya creencia y dedicación los inspiraron a alcanzar lo que sus antepasados sólo soñaron. "Nuestro país se fortalece a través de su contribución, y siempre en este mes, conmemoramos las diversas maneras por las que enriquecieron la experiencia estadounidense".

En mayo de 2015, Obama volvería a tratar el tema en la Sinagoga Adas Israel, en Washington, DC, también motivado por las conmemoraciones del Mes de la Herencia Judía. Recordó que esa Congregación ayudaba a contar la historia americana, al destacar que en 1876 Ulysses Grant también allí había estado, convirtiéndose en el primer presidente de los Estados Unidos en asistir al servicio de una sinagoga.

En la opinión de Obama, los Estados Unidos representaron no sólo un destino para los judíos, sino también una idea de país, al citar la sinagoga Tauro, de Newport, Rhode Island, como ejemplo. Es que después de la Guerra de Independencia ella fue utilizada también para reuniones de la Asamblea General de Rhode Island y del Supremo Tribunal estatal, una vez que los edificios públicos estaban dañados.

Para Obama, la celebración del Mes de la Herencia Judía es un testimonio del poder de la esperanza, una amonestación al cinismo y al nihilismo. Según él, se trata de la renovación de la esperanza de que el futuro será moldeado por los valores más grandes compartidos en el pasado. "Estos valores nos obligan a trabajar para mantener vivo el sueño americano de oportunidades para todos".

IX – Colón, el primer judío

Expedición inspiró un sueño de libertad

Los investigadores de diversas procedencias llegaron a la conclusión de que la conexión entre los judíos y América comenzó con el descubrimiento del continente en 1492. Basados en documentación histórica, los estudiosos españoles José Erugo, Otero Sánchez y Nicholas Dias Perez afirman que el propio descubridor, Cristóvão Colón, era, de hecho, un judío disfrazado, cuya expedición a las Indias tenía un objetivo completamente diferente de lo que él alegaba en público. Para ellos, las pistas están en el contenido de las anotaciones personales, en las cartas y en el diario dejado por Colón. De acuerdo con la profesora de lingüística Estelle Irizarry, de la Universidad de Georgetown (Washington DC, EEUU), la documentación dejada por Colón no fue escrita exactamente en castellano, pero en ladino, una versión judía de la lengua local, análoga a lo que el yiddish representa en relación con el alemán.

Otra revelación está en el misterioso anagrama encontrado en sus cartas, escrito de derecha a izquierda. En ese contexto, el lingüista francés Maurice David francés afirma haber descubierto el significado de los símbolos, que representarían un antiguo saludo hebreo, frecuentemente usado entre los judíos religiosos de todo el mundo hasta hoy.

Según la profesora brasileña Jane Bichmacher de Glasman, de la Universidad Estatal de Río de Janeiro (UERJ), las cartas traían las iniciales de Baruch Hashem, B"H, que significa Bendito Sea Dios. Jane afirma que Colón conocía el hebreo y dominaba el Antiguo Testamento, además de escribir en un estilo bíblico. No fue por casualidad que de las 13 cartas estudiadas por los investigadores, la única que no contenía el símbolo hebreo era la dirigida a los reyes católicos Fernando e Isabel.

Cristóbal Colón vivía en medios judíos, tenía muchos amigos y maestros judíos, como el sabio Abraham Zacuto, inventor del astrolabio moderno, al que nos referimos en el capítulo octavo. En su época, la navegación era enseñada en gimnasios, predominantemente por profesores judíos y árabes.

Al contrario de lo que dice la historia oficial, el viaje del descubrimiento no fue patrocinado por los monarcas españoles, sino por los judíos Louis De Santangel y Gabriel Sánchez, junto al prominente rabino Isaac Abarbanel. Recientemente, el equipo liderado por José Erugo, llegó a la conclusión que Colón era, él mismo, un marrano, cuya supervivencia dependía de la habilidad para ocultar todas las evidencias del origen judío ante la brutal y sistemática limpieza étnica.

Según el historiador ucraniano Simon Wiesenthal, en su libro Sails of Hope, el motivo detrás del viaje de Colón también tenía el propósito de encontrar un puerto seguro para los judíos que estaban siendo expulsados del territorio español. De la misma forma, otros historiadores concluyen que él alimentaba el sueño secreto de obtener oro suficiente para financiar la reconstrucción del templo de Jerusalén.

La fecha del viaje también es digna de mención. A lo que todo indica, él había planeado originalmente navegar en Tisha b'Av, pero pospuso el partido porque el día se considera desfavorable para tales emprendimientos. En su lugar, comenzó su viaje el 3 de agosto, día 11 de Av, dos días después de que los judíos fueron expulsados de España.

En la apariencia, prevalece la leyenda de que un marinero común partió para encontrar un camino diferente para las Indias, y por un notable golpe de suerte, desembarcó en una tierra conocida por su benevolencia y tolerancia religiosa. Sin embargo, al explorar la verdadera identidad de Cristóbal Colón, los historiadores creen que su foco primordial era la búsqueda de libertad para el pueblo judío.

Su origen italiano también es contestado. De hecho, él ni hablaba italiano y era conocido en España como Cristóbal Colón. En su testamento, firmado el 19 de mayo de 1506, el navegador hace por lo menos cinco revelaciones curiosas. Para empezar, dos de sus deseos se refieren al pago de una décima parte de su renta a los pobres, así como a la donación de un dote a novias indefensas, de acuerdo con las costumbres judías, además de haber determinado la donación de fondos para un hombre que vivía cerca de la puerta de entrada del barrio judío de Lisboa.

Hoy en día, el debate cobró impulso después de la publicación del libro "El portugués Christopher Columbus, agente secreto del rey Juan II" por Mascarenhas Barreto, según el cual el descubridor de América era portugués y judío. Al descifrar el misterioso anagrama con el que Colón firmó sus cartas, Barreto afirma haber revelado el sentido judío del nombre y la identidad del navegador. En su trabajo, el investigador utilizó el método de la lectura reflejada, en que el punto y coma puede significar, en español antiguo, Colon, y en hebreo, Zarco. Por lo tanto, el verdadero nombre de Cristóbal Colón es Salvador Fernandes Zarco, nieto de João Gonçalves Zarco, navegante portugués de ascendencia judía. Según Barreto, ese descubrimiento habría llevado a la Iglesia a renunciar a la propuesta de canonizar al descubridor de América como recompensa por haber cristianizado los indios. Barreto es seguro de que Salvador Fernandes Zarco nació cm en el pueblo de Cuba Alentejo en Portugal. Esto justificaría los nombres con los que Colombo bautizó dos de sus primeros descubrimientos, las islas de San Salvador y Cuba. Otros todavía asocian su nombre a un español llamado Christopher Columbus, hijo de Susan Fonterosa, natural de Pontevedra, en España, judía convertida al cristianismo.

En cartas a los parientes, Colón exhortó a sus hijos a comportarse como católicos en la sociedad, pero como los judíos en los recintos de la casa. Otro descubrimiento particularmente revelador viene de la firma enigmática, una estructura triangular formada por puntos y letras que se asemejaban a inscripciones encontradas en lápidas de cementerios judíos en España. Colón instruyó a sus hijos a guardar ese símbolo misterioso para siempre. Según los investigadores, esa marca oculta, cuando traducida, representaba una oración en lugar del patrón hebreo Kadish, que estaba prohibido en España. Como auténtico criptojudeo, Colombo instruyó a sus hijos a recitar la oración del Kaddish por él. También el historiador británico Cecil Roth afirma en *La Historia de los Marranos* que el anagrama arriba mencionado era un sustituto encriptado para el Kaddish.

Paralelamente a la saga de los primeros judíos asentados en territorio estadounidense, la investigación histórica permite una reflexión sobre la obra y el destino del hombre que navegó por mares hasta entonces inexplorados en busca de un mundo mejor. Un mundo libre de la intolerancia, donde todos puedan vivir en paz.

REFERENCIAS BIBLIOGRÁFICAS

ANDRADE, António Júlio de & GUIMARÃES, Maria Fernanda. *A Tormenta dos Mogadouros na Inquisição de Lisboa*. Lisboa: Vega, 2009, 148 páginas.

BARLEUS, Gaspar. *História dos feitos recentemente praticados durante oito anos no Brasil*. Belo Horizonte, Itatiaia e São Paulo: EDUSP, 1982, 409 páginas.

BREDA, Daniel de Oliveira. *Vicus Judaeorum: Os Judeus e o espaço urbano do Recife neerlandês (1630-1654)*. Tesis de maestría defendida en la. Universidade Federal do Rio Grande do Norte. https://repositorio.ufrn.br/jspui/bitstream/123456789/16993/1/DanielOB.pdf (consultado en 30/09/2014).

BARRETO, Mascarenhas Augusto. *The Portuguese Columbus – Secret Agent of King John II*. McMillan (England), 1992

_____ *Colombo português: Provas Documentais* (2 vols.), Ed. Arrancada (Portugal).1997

BOXER, Charles. *Os Holandeses no Brasil, 1624-1654*. Traducción de Olivério M. de Oliveira Pinto. São Paulo: Cia. Editora Nacional, 1961, 465 páginas.

CALADO, Padre Manoel. *O Valeroso Lucideno e o Triunfo da Liberdade* (v.1). Belo Horizonte; EDUSP, 1987, 246 páginas.

CASCUDO, Luis da Câmara. *Mouros, Franceses e Judeus – Três presenças no Brasil*. São Paulo: Perspectiva, 1984, 115 páginas.

GLASMAN, Jane Bichmacher de. *A Assinatura Cabalística do Judeu Sefaradi Cristóvão Colombo*, in http://judaismoeliberdade.blogspot.com/ (consultado en 16/09/2018)

HALE, John. *Era das Explorações*. Rio de Janeiro, José Olympio, 1970, 192 páginas.

HERCULANO, Alexandre. *História da Origem e Estabelecimento da Inquisição em Portugal* (Tomo I). Lisboa: Livraria Bertrand, 1975, 320 páginas.

HERKENHOFF, Paulo. (organizador). *O Brasil e os Holandeses, 1630-1654*.

KAYSERLING, Meyer. *A história dos Judeus em Portugal*. Traducción de Anita Novinsky y Gabriela Borchardt Corrêa da Silva. São Paulo: Editora Pioneira, 1971, 334 páginas.

LANDES, David S. *Riqueza e Pobreza das Nações – Por que algumas são tão ricas e outras são tão pobres*. Traducción de Álvaro Cabral. Rio de Janeiro: Elsevier Editora, 1998. – 12ª reimpresión, 760 páginas.

LEVY, Daniela Tonello. *Judeus e marranos no Brasil holandês: pioneiros na colonização de Nova York (séculoXVII)*. Disertación de Maestría presentada a la Faculdade de Filosofia, Letras e Ciências Humanas da Universidade de São Paulo (USP). http://www.teses.usp.br/teses/disponiveis/8/8138/tde-26112008-162528/pt-br.php (consultado en 14/09/14)

LIPINER, Elias. *Gaspar da Gama – Um Converso na Frota de Cabral*. Rio de Janeiro: Nova Fronteira, 1986, 279 páginas.

_____ *Izaque de Castro, o Mancebo que Veio Preso ao Brasil*. Recife: Massangana, 1992, 321 páginas.

MELLO, Evaldo Cabral de. *Olinda Restaurada – Terra e Açúcar no Nordeste, 1630/1654*. Rio de Janeiro: Forense; São Paulo: EDUSP, 1975, 389 páginas.

_____ *O Negócio do Brasil – Portugal, os Países Baixos e o Nordeste 1641-1669*. Rio de Janeiro: Topbooks, 1998, 273 páginas.

_____ *A Ferida de Narciso – Ensaio de História Regional*. São Paulo: Senac, 2001, 115 páginas.

MELLO, José Antônio Gonsalves de. *Gente da Nação: Cristãos-Novos e Judeus em Pernambuco, 1542-1654*. Recife: Massangana, 1996, 547 páginas.

NIEUHOF, Joan. *Memorável Viagem Marítima e Terrestre ao Brasil*. Traducción de Moacir N. Vasconcelos. (Biblioteca Histórica Brasileira, v.9).

São Paulo: Martins Fontes, 1942, 381 páginas.

NOVINSKY, Anita. *Cristãos Novos na Bahia: 1624-1654*. São Paulo: Perspectiva, 1972, 340 páginas.

OBAMA, Barack. In https://obamawhitehouse.archives.gov/the-press-office/2012/05/01/presidential-proclamation-jewish-american-heritage--month-2012 (consultado en 10/04/17)

OPPENHEIM, Samuel. *The Early History of the Jews in New York, 1654-1664. Some New Matter on the subject*. Nova York: [s.n], 1909, 96 páginas.

PENN, Barbara – *Christopher Columbus. Secret Jew*, in www.aish.com (consultado en 19/10/18)

PERNIDJI, Joseph Eskenazi. *A Saga dos Cristãos Novos*. Rio de Janeiro: Imago Editora, 2005, 216 páginas.

POMBO, José Francisco da Rocha. *Os Holandeses no Brasil: Mitos e Verdades*. Curitiba: Vila do Príncipe, 2003, 98 páginas.

RICHSHOFFER, Ambrósio. *Diário de um Soldado da Companhia das Índias Ocidentais (1629-1632)*. Recife: Companhia Editora de Pernambuco (CEPE), 2004, 195 páginas.

ROCK, Howard B. *Haven of Liberty, New York Jews in the New World, 1654-1865, the first volume of the trilogy, City of Promise: A History of the Jews of New York City*. New York University Press, 2012, 368 páginas.

SANTIAGO, Diogo Lopes. *História da Guerra de Pernambuco e Feitos Memoráveis do Mestre de Campo João Fernandes Vieira, Herói Digno de Eterna Memória, Primeiro Aclamador da Guerra*. Recife: Companhia Editora de Pernambuco (CEPE), 2004, 596 páginas.

SILVA, Leonardo Dantas. *Holandeses em Pernambuco 1630-1654*. Editora do Autor, 318 páginas.

_____ *Zur Israel – Uma comunidade judaica no Brasil Holandês*. Rio de Janeiro: Sextante Artes, 1999.

SHORTO, Russell. *A Ilha no Centro do Mundo*. Traducción de José Roberto O'Shea. Rio de Janeiro: Objetiva, 2004, 429 páginas.

SMITH, Robert C. *As Cidades Coloniais Espanholas e Portuguesas*. In: Reis Filho, Nestor Goulart (org). Robert Smith e o Brasil Vol. I – Arquitetura e Urbanismo. Brasília, DF: IPHAN, 2012.

VAINFAS, Ronaldo. *Jerusalém Colonial – Judeus Portugueses no Brasil Holandês.* Rio de Janeiro: Civilização Brasileira, 2010, 376 páginas.

YOVEL, Yirmiyahu, *Espinoza e outros hereges.* Lisboa: Imprensa Nacional, 1993, 400 páginas.

WATJEN, Hermann. *O Domínio Colonial Holandês no Brasil – Um Capítulo da História Colonial do Século XVII.* Traducción de Pedro Celso Uchoa Cavalcanti. Recife: Companhia Editora de Pernambuco (CEPE), 2004, 547 páginas.

WEITMAN, Y. David. *Bandeirantes Espirituais do Brasil – séc. XVII.* São Paulo: Mayaanot, 2003, 309 páginas.

WIZNITZER, Arnold. *Os Judeus no Brasil Colonial.* Traducción de Olívia Krähenbühl. São Paulo: Pioneira, 1966, 218 páginas.

WOLFF, Egon & Frieda. *A Odisséia dos Judeus do Recife.* São Paulo: Centro de Estudos Judaicos, 1979, 342 páginas.